PRAKATA OLEH AKASH KARIA
PENULIS BUKU TERLARIS "TED TALKS STORYTELLING"

RAHASIA
BERCERITA UNTUK SUKSES BERPIDATO

7 STRATEGI UNTUK MENCERITAKAN KISAH YANG DISUKAI ORANG

MATERI HAK CIPTA
MARK DAVIS

PRAKATA OLEH AKASH KARIA
PENULIS BUKU TERLARIS "TED TALKS STORYTELLING"

RAHASIA BERCERITA UNTUK SUKSES BERPIDATO

7 STRATEGI UNTUK MENCERITAKAN KISAH YANG DISUKAI ORANG

MATERI HAK CIPTA
MARK DAVIS

Copyright © 2016
Mark Davis

Diterbitkan oleh **Melbourne Education & Training Pty. Ltd.**

Semua Hak Cipta, termasuk didalamnya hak untuk memproduksi kembali setiap bagian dalam format apapun baik *online* dan *offline*.

Jika Anda membaca buku ini dan menyukainya, mohon informasikan kepada saya. Bagikan pelajaran-pelajaran dengan teman-teman Anda.

Salinan tambahan tersedia dengan menghubungi :
Melbourne Education & Training Centre Pty Ltd Australia

Tel: +61-404-178-126
Email: mark@markdavis.com.au

Juga oleh Mark Davis

Keajaiban Berbicara di Depan Umum
Bagaimana Mengakhiri Pidato Kita dengan Percaya Diri
Mengairahkan, Terlibat, Menghibur

DAFTAR ISI

KATA PENGANTAR 7
Menceritakan Cerita Rahasia 9
RAHASIA #1 – Cerita-cerita Rahasia 11
Rahasia Bercerita untuk Sukses Berpidato 21
Pencerita 24
RAHASIA # 2 – Cerita lucu. 33
RAHASIA # 3 – Masa Lalu dan Masa Kini. 48
RAHASIA # 4 – Cerita orang lain 62
RAHASIA # 5 – Cerita emosional 75
RAHASIA # 6 – Sebelum dan sesudah 96
RAHASIA # 7 – Kisah Penjualan 107
Kesimpulan 114
Lebih banyak rahasia 115

Kata pengantar

Rahasia pembicaraan besar? Cerita-cerita.

Cerita yang dibuat dan disajikan dengan baik membantu menyampaikan pesan kita terdengar seperti dosen atau guru sekolah.

Ketika pendengar merasa seperti kita berbagi dengan mereka bukan berkhotbah kepada mereka, hal tersebut mempermudah bagi mereka untuk menerima pesan tersebut.

Rahasia terbaik yang pernah saya pelajari sebagai pelatih adalah membantu orang melihat diri mereka sendiri dalam cerita yang lain. Untuk melihat pasang surut dan untuk melihat potensi transformasi perubahan yang mereka miliki.

Kebiasaan mereka, lebih mudah mempengaruhi sikap mereka dan bahkan pikiran mereka dengan cerita yang bagus. Mereka mendapatkan pelajaran dan merasa seperti mereka mengajar diri mereka sendiri.

Saya telah menanti-nanti beberapa gagasan baru dalam bercerita. Mark telah membuat beberapa strategi sederhana dan formula yang sederhana dan ajaib.

Sekarang saya memiliki sumber daya baru untuk membantu menciptakan cerita untuk presentasi dan sesi pelatihan saya.

Favorit saya adalah strategi Rahasia Cerita. Pendekatan cerdas ini membuat hal tersebut sangat masuk akal, saya telah menggunakannya sebagai pembuka di lokakarya saya dan melihat seluruh hadirin terlibat dalam sekejap. Hal ini membuat sisa hari berjalan dengan baik, karena mereka tahu ada hal menarik yang harus saya katakan.

Ceklikan bagian manapun dari buku ini untuk mendapatkan inspirasi dalam membuat cerita, atau ubahlah cerita yang ada menjadi sesuatu yang mengagumkan.

Mulai sekarang, Anda akan menjadi seorang *Master Storyteller*, dan berbicara di depan umum akan menjadi mudah.

Akash Karia
Author, Speaker and Coach
AkashKaria.com

Rahasia berbicara adalah cara strategis untuk membuat cerita yang bisa kita ceritakan lagi dan lagi untuk dampak yang maksimal.

Tujuh rahasia tersebut adalah:

- Cerita rahasia – "Rasa penasaran dan tak tertahankan". (Anda sudah membaca bab tersebut.)
- Cerita Lucu – "Menceritakannya dengan humor dan membuatnya mudah diingat".
- Cerita masa lalu dan sekarang – "Ketika Saya Muda".
- Cerita orang lain – "Cerita pribadi dan cerita orang lain"".
- Cerita Emosional – "Ciptakan respon emosional".
- Sebelum dan Sesudah – "Transformasi".
- Kisah Penjualan – "Testimonial, rujukan, ulasan dan kekuatan pihak ketiga".

Buku ini tidak membahas keseluruhan topik berbicara di depan umum. Hanya saja berfokus membantu Anda menjadi lebih baik dalam menciptakan dan bercerita.

1. Dapatkan pemberitahuan saat buku Berbicara di depan umum baru berikutnya diterbitkan oleh situs di http://www.mastertheartofpublicspeaking.com

2. Temukan jadwal acara *live* termasuk seminar, workshop, webinar dan program pelatihan di http://www.markdavis.com.au

Jika Anda ingin lokakarya *Public Speaking* di kota Anda, atau untuk kelompok Anda, contact Coach Mark Davis directly Mark@MasterTheArtOfPublicSpeaking.com

Rahasia #1

Cerita-cerita Rahasia

"Dapatkah saya ceritakan sebuah rahasia?"

Siapa yang dapat menolak?

Setiap cerita yang dimulai dengan pembukaan ini akan menarik perhatian pendengar.
Ini yang kita mau.

Ingin beberapa contoh?

"Dapatkah saya ceritakan sebuah rahasia? Beberapa minggu yang lalu, Saya telah berpikir tentang cara berhenti merokok. Saya kehilangan anggota keluarga akibat kanker paru-paru. Tidak ada lagi alasan-alasan. Dapatkah Anda membantu saya untuk berhenti?."

"Dapatkah saya ceritakan sebuah rahasia? Saya pikir, dunia itu berbahaya. Ketika saya masih kecil, saya mengendarai sepeda saya mengelilingi kota hingga pukul 8 malam. Saya kendarai sepeda sendirian dan tidak berpikir dua kali tentang hal itu. Saat ini kami tidak aman dirumah kami sendiri. Karena itu, kenapa saya memiliki sistem pengamanan."

"Dapatkah saya ceritakan sebuah rahasia? Saya memiliki masalah berat badan ketika saya remaja. Saya tidak dapat menambah berat badan saya, itu tidak masalah bagi saya,

saya adalah sekantong tulang belulang. Akhirnya saya mendapatkan dukungan nutrisi dan psikologis yang dibutuhkan. Saya perlu makan dengan benar dan menjaga berat badan sehingga saya terlihat sehat dan lebih berenergi."

Rahasia-rahasia merupakan permulaan cerita yang sempurna.

- Orang mencari rahasia yang sangat menarik.
- Orang akan belajar mendengarkan sebuah rahasia.
- Orang menyukai gosip.
- Orang menyukai hak istimewa untuk diberitahu sebuah rahasia.
- Orang menyukai menjadi yang pertama mendengar sebuah rahasia.
- Orang akan menghentikan segala sesuatu yang mereka lakukan untuk mendengar sebuah rahasia.
- Rahasia memegang nilai istimewa lebih tinggi dibandingkan berita-berita dan tinjauan.

Rahasia mengenai kehidupan kita adalah bersifat pribadi dan kuat.

Rahasia mengenai orang lain adalah "gosip" dan lebih kuat untuk menarik perhatian.

Rahasia itu menarik dan lezat

Berbagi sebuah cerita rahasia tentang orang lain.

"Biarkan saya menceritakan kepada Anda sebuah rahasia. Saya belajar hal ini dari Paman saya yang menjalankan sebuah toko musik. Beliau mengatakan jika kamu ingin maju, sebelum berkeluarga dan memiliki tanggung jawab lainnya. Kita harus mengerjakan beberapa pekerjaan disaat masih muda dan memiliki banyak energi. Sebelum kita memiliki keluarga dan tanggung jawab lainnya. Beliau biasa bekerja 8 jam sehari, kemudian bekerja 3 jam menyetel piano. Beliau menciptakan bisnis jutaan dollar."

"Biarkan saya menceritakan kepada Anda sebuah rahasia tentang Mandy. Dia tidak selalu memiliki badan begitu kurus. Suatu ketika berat badannya lebih dari 200 pon. Apakah Anda tahu, bagaimana dia menurunkan berat badan?."

"Biarkan saya menceritakan Anda sebuah rahasia. Pria disebelah sana, Tim, adalah seorang milyuner. Apakah Anda tahu bagaimana dia melakukannya? Meningkatkan saham dalam minggu pertama saat perusahaan diluncurkan. Sebagai Pelopor, Dia mendapat reputasi besar untuk layanan dan kualitas. Dia diminta untuk berbicara tentang hal tersebut dan menjadi wajah perusahaan. Sekarang dia berkeliling dunia untuk berbicara tentang Menaikkan-Saham sebagai pembicara motivasi."

"Biarkan saya menceritakan kepada Anda sebuah rahasia. Dulu saya tidak sepopuler ini. Saya percaya diri, berkelas dan melatih berbicara didepan umum. Saya belajar banyak dari buku-buku dan belajar cara berbicara dengan orang lain. Saya menemukan gaya kepribadian dan menjadi pakar komunikasi dalam 2 tahun. Sekarang, saya melatih orang-orang diseluruh dunia.

Izin

Mendapatkan izin untuk mendengar sebuah rahasia membuat orang tenang. Mereka tidak perlu merasa aneh mendengar sebuah rahasia. Mereka akan mendengarkan dengan lebih teliti, karena rahasia adalah sebuah kejutan.

"Dapatkah saya menceritakan sebuah rahasia?"
"Apakah boleh jika saya memberitahu Anda sebuah rahasia?" "Akankah tidak apa-apa membagi rahasia sukses kepada Anda?"
"Ketika saya mendengar rahasia menurunkan berat

badan, saya tahu Anda ingin tahu. Dapatkah saya membaginya dengan Anda?"

"Ketika saya mendengar rahasia bahan perawatan kulit yang harus saya katakan kepada Anda. Tebak apakah itu?."

Izin adalah cara yang sopan untuk mendapatkan persetujuan pendengar untuk diberitahu sebuah rahasia.

Saya tidak berpikir bahwa setiap orang akan menolak untuk mendengar sebuah rahasia. Ini adalah sifat keingintahuan manusia. Keingintahuan dapat membunuh seekor kucing karena tidak dapat menahan diri.

Seperti mendapatkan hadiah tidak terduga.
Sebuah bonus gratis ketika Anda membeli sesuatu dengan harga penuh.
Kejutan membuat kita merasa lebih baik.

Unsur Kejutan

Sebuah rahasia dapat membuat orang-orang terkejut. Bahkan menghela nafas. Melodrama di seputar 'pesta poranya' adalah murni teater. Rahasia hampir merupakan sesuatu perbuatan yang memalukan dengan kontroversi, pesta pora dan drama.

Hal yang Harus Dihindari dalam Menceritakan Rahasia Kisah Kita.

- Fakta sederhana. Orang bisa menebak sendiri. Perlu lebih banyak lagi latar belakang.
- Cerita seseorang. Itu harus asli.
- Terlalu bertele-tele. Rahasia pendek lebih dramatis dengan nilai kejutan jika diceritakan secara cepat.
- Orang asing, selebriti dianggap orang kita kenal.

Ketika orang berhenti melakukan sesuatu untuk memperhatikan sebuah cerita. Haruslah sepadan.

Rahasia-rahasia memberi orang sesuatu yang baru.
Rahasia-rahasia membiarkan kita masuk kedalam dunia pribadi orang terkenal.
Rahasia-rahasia adalah suara menggigit yang sempurna untuk dibagikan dengan orang lain.

Karena mereka memberikan goncangan, kejutan dan perubahan di zaman kita dan memberi kita sesuatu yang baru untuk dibicarakan.

Sekali seseorang mengetahui sebuah rahasia, mereka harus menjadi yang pertama yang menyampaikannya ke orang lain ketika hal tersebut masih sangat baru.

Ketika seorang pembicara membagi sebuah cerita "rahasia", kita duduk diantara hadirin dan berasumsi bahwa mereka belum pernah diberitahu oleh siapapun.

Ini akan menjadi spesial karena baru.

Cerita tersebut akan menarik karena kemungkinan memalukan atau kontroversial.

Apakah cara lain untuk membuka jenis cerita ini?

- Saya belum pernah berbagi hal ini sebelumnya.
- Saya tidak pernah berbagi hal ini dengan kelompok besar.
- Saya tidak pernah berbagi hal ini diluar perusahaan saya.
- Saya tidak pernah merasa nyaman berbagi hal ini.
- Saya belum pernah menceritakan hal ini diluar Australia.

Lebih Lanjut Tentang Cerita

Rahasia merupakan senjata ampuh ketika berbicara tentang kesuksesan seseorang atau seorang selebriti atau seseorang yang kita pegang dimata umum.

Semakin rinci kita membagi cerita rahasia kita, semakin dirasakan eksklusif. Orang yang mendengarkannya akan merasa beruntung bahkan eksklusif.

Iklan televisi tumbuh subur bercerita untuk menciptakan penjualan. Ini sebabnya mereka menggunakan selebriti, penyanyi bintang dan aktor film.

Dalam film "Joy" yang menampilkan Jennifer Lawrence. Kami melihat prinsip ini bekerja. Kisah pribadinya, menciptakan pel *The Self-Wringing Mop* yang memulai revolusi *Home-Shopping* dimulai beberapa tahun kemudian. Hanya dalam beberapa tahun kemudian dia menjadi pebisnis bernilai milyaran dollar dari QVC dan kemudian ke jaringan *Home-Shopping*. Dengan rahasia peremas yang meremasnya sendiri, dia merevolusi tidak hanya membersihkan, tapi bagaimana orang menjual produk di TV.

Apakah beberapa cara sehingga kita dapat membagi satu rahasia?

- Rahasia menurunkan berat badan ini adalah hanya untuk Anda yang datang ke sini hari ini.
- Rahasia modem ini untuk merevolusi cara Anda menggunakan Internet.
- Rahasia produktivitas ini akan menghemat 2 jam sehari.
- Rahasia algoritma ini akan membantu Anda menempatkan saham terbaik untuk diinvestasikan.
- Rahasia istilah otomotif ini akan memberikan petunjuk terbaik dalam membeli mobil.
- Rahasia teknik ini akan menjelaskan mengapa China mengambil alih dunia.
- Rahasia frekuensi penerbangan ini akan menghilangkan semua mitos yang pernah Anda dengar tentang bepergian ke Asia.

- Rahasia pemikat ini akan memberi Anda sentuhan ajaib dengan wanita.
- Rahasia postur ini akan membantu Anda lebih percaya diri di sekitar pria.
- Bahan rahasia penghilang kerutan yang akan memberi kulit Anda tampak lebih muda hanya dalam 2 menit sehari.
- Rahasia kontak mata ini akan membantu Anda memberikan presentasi yang hebat.
- Bahan ramuan rahasia asam amino ini akan membuat tingkat energi Anda meroket.

Mari kita tambah satu obyek ke dalam kata-kata ajaib kita, dan lihat bagaimana hal itu membuat cerita kita menjadi lebih menarik.

- Rahasia bahan ini ...
- Rahasia trik Facebook ini ...
- Rahasia kiat fotografi ini ...
- Rahasia sistem ini ...
- Rahasia sambungan ini ...
- Rahasia komponen kain untuk pakaian aktif ini ...
- Rahasia metode persiapan lasagna ini ...
- Rahasia tip mencukur ini ...
- Rahasia Strategi investasi ini
- Rahasia antioksidan ini ...
- Rahasia pil energi ini ...
- Rahasia Perawatan kulit rutin ini ...
- Rahasia bahan masker wajah ini ...
- Rahasia latihan pembakaran lemak ini ...
- Rahasia ungkapan ini ...
- Rahasia urutan kata ini ...

Rahasia sangat menyita perhatian

Apalagi ceritanya yang lebih bagus

Sulap

Sulap itu mistis dan indah. Sementara orang mungkin tidak percaya pada trik sulap, ilusionis dan sulap tangan, mereka memang ingin mempercayai hal- hal menakjubkan bisa terjadi.

Dan saat hal itu terjadi, itu seperti sulap. Jadi kita semua menjadi seperti anak kecil di hadapan sulap, dan hal-hal magis.

Inilah sebabnya mengapa ini adalah kata yang bagus untuk digunakan dalam pembukaan cerita kita.

- "Saya akan membagikan rahasia magis dari Garam Laut Mati."
- "Saya akan membagikan tiga kata magis yang akan membuat wanita jatuh cinta pada Anda".
- "Saya akan membagikan rahasia magis kepada Anda tentang Tuan X pelatih Celebrity Fitness dunia".
- "Saya akan membagikan rahasia magis perawatan kecantikan kepada Anda tentang artis film terkenal".
- "Saya ingin memberitahu Anda ramuan ajaib di botol Vitamin Super ini".
- "Saya ingin memberitahu Anda ungkapan ajaib yang membuat wanita jatuh cinta pada Anda".
- "Saya ingin memberitahu Anda nomor-nomor ajaib yang membuka kunci kesuksesan dalam berinvestasi".
- "Saya ingin memberitahu Anda kalimat rahasia magis yang digunakan oleh tenaga penjualan profesional untuk mendapatkan penjualan dengan nilai lebih tinggi".
- "Saya ingin memberitahu Anda rahasia magis yang

dimiliki oleh pengusaha untuk menarik staf yang baik".
- "Saya harus memberimu rahasia ini Itu ajaib dan itu akan mengubah hidupmu".
- "Saya tidak percaya rahasia magis ini telah seperti ini begitu lama. Di sini, sekarang, adalah kunci bagi pemuda abadi".
- "Saya tidak percaya rahasia magis ini telah bersembunyi tepat di depan mata kita. Kunci energi yang tahan lama".

Kita dapat mengguna kata ajaib dan melihat antusias pendengar.

Ini karena mereka merasakan unsur kejutan dan terasa bagus. Itu adalah kata kunci yang dapat kita gunakan.

Kejutan

"Saya punya sebuah kejutan untuk Anda hari ini."

"Setiap pendengar menyukai kejutan. Ketika mereka telah mempercayai pembicara atau penjual atau dosen atau CEO di atas pentas.

Kejutan-kejutan merasuki masa kanak-kanak kita. Sebagian besar kejutan- kejutan adalah positif. Peristiwa seperti Natal dan Ulang Tahun.

Kunjungan dari teman-teman kita dan keluarga. Nenek datang tiba-tiba. Saudara laki-laki yang datang dari luar negeri.

Pasir dari Sahara.
Syal sultra dari Thailand
Salmon asap dari Alaska.

Semua hadiah-hadiah ini tidak terduga dan telah memberikan efek positif terhadap perasaan dan emosi kita.

Jadi mari kita gunakan ini dalam rangkaian pembukaan dari cerita.

- "Saya memiliki kejutan untuk Anda hari ini, tidak hanya satu tapi dua cerita hebat dari rangkaian cerita sukses dengan produk ini."
- "Saya memiliki kejutan untuk Anda hari ini, tidak hanya satu tapi lima pembicara tamu untuk membagikan cerita mereka tentang bagaimana menjadi sukses."
- "Saya memiliki kejutan untuk Anda hari ini, Sebagian pedagang saham tersukses di dalam perusahaan disini untuk menyampaikan ceritanya. Ini akan mempermudah Anda untuk mencari uang mulai hari ini dan seterusnya.".
- "Saya memiliki kejutan untuk Anda. Ditempel pada kursi seseorang. Silahkan raih di bawah dan melihat apakah ada sesuatu yang menempel di kursi Anda? Jika demikian, Anda telah memenangkan liburan 5 malam ke Bahama".
- "Saya memiliki kejutan untuk Anda malam ini. Ini adalah tiket masuk Anda. Kita akan memiliki undian sekarang, dan seseorang akan muncul memenangkan perawatan kulit senilai $ 99".
- "Saya memiliki kejutan untuk Anda malam ini. Cerita yang akan saya ceritakan pada Anda kembali berusia lebih dari 4000 tahun. Telah diserahkan dari generasi ke generasi, ayah untuk anak dan sekarang saya akan membaginya dengan Anda".
- "Saya memiliki kejutan untuk Anda malam ini. Cerita yang akan saya bagikan adalah luar biasa. Anda orang pertama di negara ini yang mendengarnya".
- "Saya mengejutkan Anda malam ini. Orang-orang di barisan depan akan pergi menjadi aktor dalam cerita yang akan saya ceritakan".
- "Saya memiliki kejutan untuk Anda malam ini. Cerita yang baru saja saya ceritakan, adalah benar dan itu adalah cerita Saya".

Sama seperti sulap, orang menyukai kejutan. Saat sesuatu tak terduga menyelinap ke arah kita, kita merasakan sensasi kejutan. Ini adalah emosi positif dan melepaskan serotonin yang juga membuat kita bahagia dan rileks. Setelah sensasi hilang, kita memiliki pendengar yang siap untuk mendengarkan kita. Jadi kita harus membuat cerita dalam hitungan kejutan kita.

Pengumuman

Cerita bisa menggunakan metode pengumuman. Ini memberitahu hadirin bahwa kita hendak berbagi sesuatu yang menarik atau penting.

"Hadirin sekalian, saya telah membuat pengumuman. Cerita selanjutnya adalah rahasia dan saya ingin Anda semua memperhatikan, karena saya hanya bisa membaginya sekali".

""Hadirin sekalian, saya telah membuat pengumuman. Rahasia Anda semua telah menunggu di tabel ini di bawah lembaran ini. Saya akan mengungkapkannya, tapi pertama, izinkan saya menceritakan sedikit tentang hal itu".

"Hadirin sekalian. Saya telah membuat pengumuman. Cerita yang akan Anda dengarkan menghantui, ekstra-terrestrials, konspirasi dan banyak lagi. Mengikat Anda masuk, ini akan menjadi perjalanan liar".

"Hadirin sekalian. Saya telah membuat pengumuman. Cerita malam ini dimulai di kota seperti ini, di sebuah ruangan, persis seperti ini, dan dengan orang-orang yang tampak seperti Anda lakukan. Mari kita mulai".

Rahasia Bercerita untuk Sukses Berpidato.

Ketika saya masih muda, saya harus bekerja dua pekerjaan sepanjang musim panas untuk membiayai kuliah. Saya bermain piano di hotel setempat pada malam hari, dan bekerja di peternakan di siang hari membantu membawa ribuan bal jerami.

Mengapa saya melakukan ini? Karena saya ingin membeli piano elektrik. Saya ingin melakukan perjalanan, dan saya ingin mandiri.

Setiap cerita perlu memiliki tujuan. Itu membuatnya relevan dan sukses. Jika kita membuka beberapa cara strategis untuk memulai sebuah cerita, maka kita akan memiliki sesuatu yang berharga. Materi melegakan saat kita berbicara.

Kebanyakan orang memiliki rentang perhatian terhadap suatu yang menarik. Jika kita membosankan lebih dari 7 detik, kita akan kehilangan pendengar menuju ponsel mereka, imajinasi mereka atau orang di samping mereka.

Inilah sebabnya mengapa kita membuka dengan pembukaan rahasia bercerita # 1 – "Bisa saya ceritakan Anda sebuah rahasia?"

Dengan bab pertama yang menarik seperti ini, pembaca ditarik ke dalam buku.

Bila kita melihat pendengar kita tidak memperhatikan sepenuhnya, apa yang akan kita lakukan?

> Berikan beberapa statistik menakjubkan?
> Cobalah untuk menjadi lucu?
> Berbicara lebih keras?

Tenang. Rahasianya adalah menceritakan sebuah cerita dengan salah satu dari tujuh metode yang dijelaskan sini.

Hanya pengisahan cerita yang menjamin kita akan menarik perhatian khalayak. Kemudian mereka akan terlibat dengan apa yang harus kita katakan.

Tujuannya lebih dari sekedar menarik. Ini menjadi yang paling menarik dan relevan untuk pendengar kita. Cerita terhubung dengan program di kepala kita itu kata *"Perhatikan"*.

- Kita bisa menghubungkan cerita dengan pokok utama kita.
- Kita bisa menceritakan kisah-kisah yang memberikan sebuah pelajaran.
- Kita bisa menciptakan cerita untuk memberi konteks dan makna bagi pesan kita.

Kita bisa menceritakan kembali cerita yang bagus lagi dan lagi, akan tetap relevan dan menarik.

Ini membantu untuk memiliki pendekatan yang sistematis. Sebuah strategi berbicara dan mengetahui bagaimana menyampaikan kepada orang untuk "hanya bercerita" seperti mengatakan kepada seorang komedian "jadilah begitu lucu".

Relevansi

Memiliki cerita dan hubungkan ke pesan Anda.

Jika kita ingin membuat sebuah pokok tentang kepemimpinan, kita butuh cerita yang menunjukkan ciri kepribadian atau tingkah laku.

Perlu membuat pokok tentang ketekunan? Lihat prestasi besar dalam sejarah yang membutuhkan waktu lama untuk mencapainya. Serangan yang terus menerus, pertempuran-pertempuran, penemuan-penemuan.

Mungkin kita ingin pendengar merasakan emosi? Kita perlu tahu sebuah cerita pribadi dan membiarkan mereka tenggelam di dalamnya.

Setiap cerita harus dimulai dan mengikuti tema atau gaya.

Jika kita belajar menyampaikan cerita yang berbeda, kita bisa memilih yang sesuai untuk kita bicarakan.

Jika kita berlatih bercerita pada waktu persiapan kita. Kita dapat dengan mudah menceritakannya kembali selama berpidato, kita tidak mengacu pada catatan.

Kita bisa memiliki peralatan cerita yang menarik untuk diceritakan.

Konser besar pertama yang saya kunjungi adalah U2, Rattle and Hum 1989. Dengan BB King dan bandnya sebagai pendukung. Itu adalah pengalaman *live* music yang luar biasa kemudian saya baru saja mendengarnya di CD kemudian.

Itu adalah pengalaman unik, bergerak dan terhubung. Saat saya mendengarkan music mereka hari ini, saya masih ingat acara siaran langsung sebagai sorotan masa muda saya. Musik, energi, emosi. Itu tak terlupakan.

Sekarang saya membuat sebuah titik untuk melihat siapapun saya seperti sebisa mungkin "hidup". Pertunjukan "siaran langsung" membawa rekaman studio tetap hidup dan membuat mereka lebih berharga untuk saya.

Sebuah cerita, dengan sebuah pokok.

Pencerita

Selama ribuan tahun, pencerita adalah orang kunci di suku tersebut. Semua sejarah suku, kelompok, dan ras dilalui oleh mereka dari generasi ke generasi.

Penghafalan yang cermat itu perlu dilakukan. Saat kita menceritakan sebuah cerita yang mewakili bersama itu pasti akurat.

Emosi cerita harus terasa nyata, bahkan jika itu adalah pertempuran dari 1000 tahun lalu. Dan elemen kunci harus bisa dipercaya dan akurat, jadi yang lainnya akan terus berbagi cerita dan mempelajari pelajaran yang mereka berikan.

Melalui pengulangan, cerita yang bagus menjadi lebih baik. Melalui menceritakan kembali, seorang pencerita menambahkan detail kecil sehingga relevan. Mereka berbicara bahasa generasi sekarang, tetap setia pada semangat bercerita, dan fakta-fakta penting Ini membantu semua orang mengingatnya.

Pada gilirannya, mereka melatih pencerita baru. Dan siklus berlanjut.

Cerita tetap sama. Tapi tidak semua orang hebat dalam mengingat dan menceritakan kembali sebuah cerita.

Pernahkah Anda memainkan permainan "Cina Berbisik"?

Ketika sekelompok orang dalam sebuah lingkaran bercerita satu per satu. Orang pertama memiliki cerita di selembar kertas dan memiliki satu atau dua menit untuk menghafalnya. Kemudian mereka menyebarkannya dengan membisikkannya ke telinga orang di samping mereka. Mereka bergilir melakukan hal yang sama, sampai 10, 20 orang atau lebih telah menceritakan kembali ceritanya.

Cerita berakhir berbeda dengan aslinya. Jauh berbeda.

Terjadi kebingungan tanpa seorang pencerita profesional. Peran ini penting dalam menyimpan cerita sejarah yang benar pada fakta dan tujuan aslinya. Mengingat pelajaran dari masa lalu. Kebanggaan rakyat, pertarungan menang dan kalah. Nama keluarga, perkawinan, kelahiran dan kematian.

Anda bisa menjadi pencerita hari ini.

Si pencerita modern memiliki manfaat untuk menuliskan kata-kata mereka. Meninjaunya, menyimpannya dan mengambilnya kemudian. Dan membuatnya tersedia untuk orang lain melalui pidato, video dan kata-kata tertulis.

Para pencerita bijak yang bijak masih berkonsultasi melalui para pemimpin, raja dan tokoh bisnis untuk memberi saran pada saat ini berdasarkan hasil masa lalu.

Berapa banyak pelatih strategi bisnis yang kita dengar merujuk kepada *"The Art of War"*? Dan untuk buku manajemen *"7 Habits"* karya Steve Covey.

Cerita-cerita di buku-buku itu diceritakan dan diceritakan lagi berulang kali.

Cerita yang kita ceritakan adalah apa yang paling diingat. Saat kita memberi pidato, presentasi penjualan atau sebuah pelatihan.

Struktur cerita

Kehidupan adalah cerita kita.

Presentasi kita hanyalah sebuah cerita yang akan dibicarakan orang lain besok.

Bagian terbaik dari presentasi kita adalah cerita.
Dan bagian yang akan mereka ulangi ke orang lain akan menjadi cerita.

Bagaimana dengan fakta?
Mereka akan menceritakan kembali fakta melalui cerita.

Bagaimana dengan penawaran dan harga spesial kita yang menakjubkan? Mereka akan menceritakan kembali manfaatnya melalui testimonial atau cerita pribadi.

Jika cerita begitu penting, mereka harus menjadi tempat kita memfokuskan sebagian besar dari kita saat berpidato.

Jika kita akan menceritakan banyak cerita, membuatnya menarik itu penting. Kita melakukan ini dengan persiapan strategis.

Sebagai contoh:

"Apa yang Anda lakukan di akhir pekan?"
Pergi untuk berjalan-jalan sebentar.
"Oh, oke, bagus".

Vs

"Apa yang Anda lakukan di akhir pekan?"

    Saya pergi mendaki di pegunungan Appalachian, mengikuti jejak berusia 3000 tahun dan melihat fosil, seni asli kuno, dan langit biru biru dalam hidup saya.

"Wow itu terdengar luar biasa. Bagaimana Anda bisa tahu tentang tempat ini?"

Cerita mana yang mendorong Anda untuk mendengar lebih banyak?

Atau bagaimana dengan ini:

"Apakah Anda banyak bepergian?"
Tidak.
Berdiam Vs

"Apakah Anda banyak bepergian?"
    Baik untuk saya, saya tidak menganggapnya sebagai "sering" karena saya hampir tidak tergores permukaan dari banyak tempat yang ingin saya tuju. Tapi tujuan favorit saya tahun ini adalah Almaty di Kazakhstan. Tahukah Anda lebih dari 300.000 orang Korea bermigrasi ke sana setelah perang Korea, jadi dua generasi kemudian yang pertama Budaya Rusia sangat dipengaruhi oleh Korea?

> "Tidak. Kedengarannya menakjubkan. Wow, ceritakan lebih banyak".

    Sebuah cerita pendek, dengan beberapa fakta. Dan informasi menarik. Disampaikan dengan benar ini bisa jadi awal dari serangkaian cerita.

    Pembukaan cerita yang bagus membuat pendengar ingin mendengar lebih banyak.

Mari kita lihat presentasi yang khas.

Kita bisa mengambil pendekatan logis untuk menganalisis pembicaraan.

- Memiliki pendahuluan.
- Memiliki bagian tengah.
- Ada sebuah kesimpulan.

Ini sangat sederhana. Melupakan alasan orang yang memperhatikannya. Ini untuk hiburan.

Ketiga bagian itu bisa lebih siap seperti :

- Cerita pembuka.
- Cerita di tengah.
- Kisah penutup.

Tidak ada yang memberikan nilai lebih dari sekedar cerita.

- Fakta dan data membosankan. Cerita kehidupan nyata memberi fakta makna.
- Daftar panjang fitur produk yang membosankan. Melihat orang menggunakan produk dan berbicara tentang itu lebih bisa dipercaya dan menarik.
- Memberikan ceramah membosankan dan atau mengintimidasi. Berbagi cerita itu mudah.

Ingin contoh?

"Ponsel ini memiliki memori "X" *Gigabytes.* Anda bisa menyimpan banyak foto. Anda juga bisa mengunduh banyak aplikasi".

Vs

"Saya pergi ke festival dan mendapat rekaman video selama tiga jam. Mengambil semua 300 swafoto di telepon saya".

"Minuman ini mengandung 17 vitamin, mineral, Guarana, Taurin, dan elemen kecil untuk kesehatan dan kesejahteraan".

Vs

"Red Bull memberi Anda sayap"

Setiap presentasi menjadi cerita yang bisa diceritakan kembali.

Testimonial.
Referensi.
Testimoni Pelanggan.

Pikirkan konsep presentasi, ceramah, pelatihan.

Pikirkan betapa sulitnya, seberapa banyak yang harus diajarkan. Poin kunci apa harus diungkapkan. Emosi, bahasa tubuh, gerakan dan volume.

Semua poin kunci itu penting, tapi semuanya diekspresikan secara alami ketika kita bercerita.

Bercerita Profesional.

Jika kita berpikir tentang berbicara di depan umum seperti ini, rasa takut harus hilang.

Karena kita menyampaikan cerita setiap hari.

Kita memberitahukannya ke teman, keluarga dan kolega kita.
Kita memberitahukannya kepada orang asing di pesawat.
Kita memberitahukannya ke dokter, dokter gigi, penata rambut kita.

Apakah salah satu cara yang paling sederhana dari cara-cara kita menceritakan sebuah cerita?

Setelah sesuatu 'terjadi'.

Kecelakaan, luka, penyakit, atau sesuatu yang Itu tidak biasa, menghibur, menantang, yang mengejutkan.

Dan bagaimana kita menceritakan kisah-kisah ini? Ketika seseorang bertanya, "Apa yang terjadi?"

Jika saya meminta Anda "apa yang terjadi" sebelum Anda mengambil buku ini hari ini - Anda bisa menceritakan sebuah cerita.

Jika saya bertanya apa yang Anda punya untuk sarapan pagi ini? Anda akan memiliki sebuah cerita.

Bagaimana jika kita berpikir kita memiliki kehidupan yang membosankan? Temukan makna dalam cerita kita dengan menerapkan apa yang kita lakukan, untuk apa yang kita inginkan.

Begini cara kita menceritakan cerita secara berbeda.

"Saya tumbuh dalam keluarga bahagia. Orang tua saya sayang dan peduli dan kami memiliki masa kecil yang indah. Saya tidak mengeluh".

"Saya tumbuh dalam keluarga yang berantakan. Orang tua saya berpisah saat saya berusia 11 tahun tapi kami memiliki masa kecil yang indah. Saya tidak mengeluh".

Kedua cerita ini sangat sederhana.

Tidak menggali ke dalam perasaan, emosi, kejadian tertentu atau bagaimana mereka menciptakan perubahan, kejutan atau apapun yang tak terduga.

Bila pencerita itu membosankan, atau tidak mau mengambil risiko yang ada di bawah permukaan, yang kita punya hanyalah brosur iklan.

Apa yang semua orang inginkan adalah sebuah cerita yang patut diceritakan kembali. Kami ingin takjub, tertarik, terpesona atau kaget.

Cerita yang menakjubkan membawa kita ke tempat-tempat yang tidak biasa. Mereka menunjukkan pengalaman hidup yang mungkin hampir tidak bisa kita percaya. Mereka memperluas realitas kita. Mereka menantang kita.

Cerita menarik menambah pengetahuan, fakta, hal sepele dan informasi untuk kehidupan kita.

Mereka memberi kita beberapa masukan baru. Kita belajar hal-hal yang tidak kita lakukan sebelumnya. Dan kita memiliki sesuatu yang baru untuk dibicarakan besok yang pada gilirannya akan terdengar lebih menarik bagi kita.

Kisah menarik adalah sesuatu yang membuat kita menghentikan segalanya untuk mendengarkannya. Saat kita terpesona, semua gangguan lainnya hilang. Dan sekarang kita fokus 100% terhadap apa yang kita perhatikan. Sebuah cerita yang menakjubkan menarik kita dengan banyak unsur menggugah rasa ingin tahu, rasa penasaran dan kagum.

Cerita yang mengejutkan membuat kita menghentikan apa yang sedang kita lakukan. Hal ini mungkin membuat kita mempertanyakan sikap kita. Konflik dengan nilai atau moral kita. Sering mengalami patah hati, tragedi atau bencana. Bisa juga melibatkan kekejaman, rasa sakit dan penderitaan. Setiap cerita mengejutkan perlu ada satu poin, kalau tidak, itu hanya 'nilai kejutan'. Dan orang-orang memikirkan hal lain atas semua ini. Tapi ke mana berikutnya?

Mari kita menerapkan konsep ini ke dalam cerita keluarga kita.

Ingin membuatnya menakjubkan?

"Saya tumbuh dalam keluarga bahagia. Cinta orang tua saya setiap hari diungkapkan dalam banyak cara. Saya belajar untuk menghormati mereka melalui perilaku yang baik dan kesopanan umum. Saya belajar menilai uang dengan melakukan pembelian yang bertanggung jawab sejak usia dini. Dan saya belajar tentang cinta dari teladan yang mereka terapkan dengan terus saling melayani dan menunjukkan cinta mereka di depan umum dengan berpegangan tangan dan saling membeli hadiah kecil. Video keluarga kami telah menjadi tak ternilai harganya sejak kematian tragis mereka saat kami masih remaja".

Mengejutkan?

"Saya tumbuh dalam keluarga bahagia. Setidaknya di permukaan. Di bawah kami lapisan berkilau yang dipoles adalah adab ketidakpercayaan, kekerasan dan kebencian. Tapi adab mengatakan mereka harus tetap bersama, ibu saya sangat menderita. Ayah saya memukulinya, dan kami. Setiap hari kami hidup dalam ketakutan. Tapi bagi dunia luar kami sempurna. Dalamnya adalah penjara".

Menarik?

"Saya tumbuh dalam keluarga bahagia. Meskipun orang tua saya berpisah saat saya berusia 11 tahun, mereka terus merawat kami. Kami berkomunikasi dengan kedua orangtua setiap hari di masa remaja kami, dan sekarang mereka tampak lebih baik berteman daripada beberapa tahun yang lalu. Saya senang mereka berkomitmen untuk berusaha mencintai kami terlepas dari cinta yang tidak lagi mereka miliki satu sama lain".

Mari kita lihat enam gaya bercerita yang bisa kita siapkan untuk pembicaraan kita agar pendengar memperhatikan dan mengingat pesan kita.

Rahasia # 2

Cerita lucu

Kehidupan itu lucu.

Kami tidak merencanakannya seperti itu. Tapi sering. Jika paling tidak kita harapkan hidup 'terjadi' bagi kita. Dan itu lucu sepanjang waktu.

Cerita terbaik saat kita berbicara di atas panggung adalah tentang kehidupan kita, dan apa terjadi di dalamnya yang tak terduga, tidak biasa, dan lucu.

Cerita lucu yang melibatkan kita menunjukkan keaslian bicara kita.

Mereka juga terhubung karena banyak orang memiliki pengalaman serupa.

Mari kita lihat ke bagaimana kita bisa membuat cerita lucu.

Tapi pertama, izinkan saya menceritakan sebuah cerita.

Di lokakarya *Public Speaking* saya, saya menyukai orang-orang yang berbagi tentang kekuatan pribadi mereka. Lalu kami bekerja sama tentang harga diri.

Ini membantu mereka melihat apakah yang akan bereaksi positif. Ini juga membantu mereka melihat apakah ada hubungan antara pendengar dan keinginan lebih.

Di salah satu lokakarya di Toronto, seorang wanita datang terlambat di sesi tersebut. Kami terlebih dahulu sudah melakukan latihan pertama, dimana setiap orang melakukan pidato pendek.

Lalu saya mengundangnya untuk membagikan pidatonya dengan semua orang di sana kemudian. Begitu saya mengetahui namanya, saya mengundangnya untuk memperkenalkan diri.

Kemudian dia berkata, "Hai, nama saya Dolores".

Semua orang di ruangan itu menjawab, "Hai Dolores!"

"Saya menunjukkan kepada orang bagaimana menghasilkan uang, he he he (tertawa)". Suaranya meledak dan berteriak dengan tawa yang hampir tak tertahankan.

"Dan itu benar-benar lucu, karena saya tidak punya satupun!"

Dia tertawa terbahak-bahak, begitu pula seluruh orang di ruangan. Semua orang diantara hadirin telah belajar tentang bagaimana membuat kesan pertama yang kuat. Dan dalam tiga kalimat pendek, Dolores telah menunjukkan kepada kita semua kata-kata yang kita ucapkan tentang diri kita, memberitahu kepada khalayak segalanya.

Akankah kita mengambil nasihat finansial dari Dolores? Tidak. Apakah kita akan lari ke arah lain? Tentu

Dengan pembicaraan awalnya, dia melakukan hal yang wajar baginya. Kami tidak membuatnya gagal. Dan dia bisa melihat kebutuhan untuk memperbaiki diri. Di seluruh lokakarya, kami menemukan cara untuk memperbaiki perkenalannya. Dia tahu sejak hari itu maju dengan pembukaan yang dipersiapkan dengan baik akan membuat perbedaan besar pada hasilnya.

Ceritanya lucu pada saat itu, dan saat saya menceritakannya di depan pendengar secara langsung, mereka tertawa, dan mengerti maksud saya. Jauh lebih sederhana daripada memberi tahu pendengar, dan kurang konfrontatif. Ceritanya memberi pelajaran.

Cerita yang lain?

Saya sedang memberikan lokakarya di sebuah kota kecil. Sekitar 40 orang bertebaran di antara kursi dan barisan depan penuh.

Saya mengenal beberapa orang dari peristiwa sebelumnya. Saya tersenyum saat saya kontak mata dengan masing-masing orang di barisan depan.

Saat pembicaraan dimulai, saya mengamati tempat duduk, terkadang berlama-lama dengan kontak mata untuk beberapa detik, kadang kurang.

Saya melakukan kontak mata dengan wanita berambut pirang yang saya kenal ini yaitu seorang kebugaran fanatik, dan memiliki fitur mencolok. Saya berlama-lama, tersenyum dan membuat kontak mata cukup lama. Kami dulu berteman, tidak nyaman. Tapi kemudian, hal yang aneh terjadi.

Mata, kelopak mata dan alisnya melebar.

Saya berpikir sendiri. "Menarik!"

Saya terus berjalan mengelilingi ruangan, berbicara dengan semua orang dan membuat kontak mata disini dan disana.

Saat Saya berjalan melewatinya lagi, hal yang sama juga terjadi.

Matanya melebar. Pupilnya melebar Sepertinya dia menatap saya seakan hal terbaik yang pernah dia lihat, dan dia ingin saya mengetahuinya.

Ini agak membingungkan, jadi saya terus bergerak. Akhirnya di jalur ketiga saya harus berhenti.

"Anda tahu apa yang Anda lakukan dengan mata Anda?" Tanyaku. "Ada apa?" Katanya sambil bertanya.

"Ketika saya melihat Anda dari mata, mereka menjadi lebih lebar. Kelopak mata Anda terbuka lebih lebar. Alis Anda terangkat Anda terlihat sepertinya Anda telah melihat sesuatu tampilan yang benar-benar Anda sukai."

Hadirin tertawa.

"Ini adalah hal terseksi yang pernah saya lihat, tapi ini sedikit mengganggu".

"Saya masih belum tahu apa maksudnya," katanya.

Temannya menoleh kepadanya dan berkata, "Anda tahu, sesuatu itu dengan matamu".

Masih belum yakin, dia duduk sebentar dan memikirkannya sekitar 10 detik. Lalu sebuah kesadaran muncul di wajahnya. Matanya menyipit, dia memiringkan kepalanya dan berkata,

"Sekarang saya tahu mengapa atasan saya sudah menelepon untuk rapat pukul 5 sore setiap hari. Dia duduk di mejanya, saya duduk di kursi. Pertemuan terus berlanjut dan seterusnya, dan seterusnya. Tidak ada tempat lain untuk dilihat, jadi saya sering menatap matanya. Menurutnya ... ?!?!

"Itu akan berubah!"

Hadirin tertawa. Kami berbicara sebentar tentang bagaimana pembicara bisa memimpin pendengar dengan bahasa tubuh dan kontak mata yang baik. Tapi terkadang, pendengar bisa melakukannya terlebih dulu.

Akhir yang tak terduga

Sebagai pembicara terkadang orang mengharapkan kita untuk menjadi serius atau selalu memberikan pelajaran dan pembelajaran berharga. Cerita memiliki pemicu emosional dan merangsang ingatan yang lebih kuat. Ini bagus bila orang mengingat kembali ceritanya dan pelajarannya nanti.

Jika kita bisa menceritakan sebuah cerita yang lucu, itu akan menjadi salah satu yang menarik dari keseluruhan pembicaraan. Ketika kita memiliki banyak cerita lucu, kita bertujuan untuk menciptakan ingatan positif dari seluruh pembicaraan.

Saya menceritakan sebuah cerita dalam sesi pelatihan

tentang orang-orang yang hadir dalam jangkauan mereka.

Saya melambaikan tangan, Saya menirukan ekspresi khas orang Italia saat melakukan percakapan di kafe atau makan malam keluarga.

Ketika saya membahas pentingnya tidak mengganggu hadirin, saya menyarankan agar orang Italia menaruh tangan mereka di saku mereka.

Dan jika mereka memiliki kunci atau koin di sana - itu akan menjadi gangguan yang mengganggu hadirin.

Saya memiliki koin di saku saya untuk didemonstrasikan.

Tapi kemudian lilitan...

Jika orang gugup, bahkan tanpa kunci atau koin di saku mereka bisa jadi mengganggu. Bilakah kita berbicara dengan tangan di luar kantong kita? Kita akan bicara dengan disaat tangan kita berada di dalam saku kita.

Dan jika tidak ada suara bising, sepertinya ada sesuatu yang terjadi di celana kita. Ini adalah perilaku yang tidak sesuai untuk presenter. Apalagi saat kita melakukan kontak mata dengan orang-orang di barisan depan kita!.

Hadirin tertawa. Ini memalukan karena mata mereka telah ditarik sampai ke bagian "pinggang". Dan mereka menyadari bahwa mereka telah menjadi bagian dari lelucon itu.

Mereka mendapat pelajaran karena itu adalah sebuah cerita.

Akhirnya, kita semua bias mempersiapkan sesuatu yang lucu

Humor dalam cerita bisa didesain, tapi sebagian besar waktu cerita kehidupan nyata adalah lucu. Kita hanya perlu waktu yang tepat saat kita menceritakannya. Waktu adalah segalanya.

Kita tidak perlu menciptakan atau membesar-besarkan sebuah cerita. Dalam konteks yang tepat, beberapa Cerita bahkan lebih lucu dari yang kita temukan pada awalnya.

Kebanyakan cerita lucu terjadi di dunia berbicara saat orang berbicara tanpa berpikir.

Mereka meletakkan kaki mereka di mulut mereka, dan mengatakan sesuatu yang memalukan atau lucu tentang topik atau latihan yang sedang dilakukan.

Dalam kasus yang lain, orang mengatakan hal yang lucu karena mereka telah merencanakannya apa yang harus dikatakan. Terkadang itu adalah sebuah pertanyaan, lain kali ini adalah sebuah komentar. Tapi mereka telah bekerja sangat keras atas hal itu, mereka buta terhadap fakta itu adalah 'kecerobohan' atau komentar yang tidak pantas .

Sifat alamiah manusia adalah pertama emosi, kedua logika. Disaan mereka sedang menghibur logika mereka berubah "mati". Pemicu emosional mereka 'menyala'. Begitu Apa yang mereka lakukan dan katakan adalah bawaan dan reaksioner. Reaksi emosional dan spontan, tanpa banyak perencanaan atau pemikiran sadar.

Kita bisa mengandalkan banyak situasi yang lucu seperti ini. Mereka adalah orang-orang yang saya lihat di lokakarya saya dan sebagai pembicara.

Bagaimana tentang situasi lain di kehidupan yang lucu?

- Kegagalan Kencan
- Makan di restoran
- Seseorang mendengkur saat opera
- Anak-anak di bioskop Natal atau Thanksgiving bersama keluarga
- Mengatakan kesanggupan orangtua kita.
- Hal-hal gila yang anak-anak kita katakan

- Apa yang kita lihat orang lakukan di mobil mereka di lalu lintas.
- Apa yang terjadi terakhir kali Anda mendengar alarm kebakaran
- Anak-anak bermain di taman.
- Ayah bermain dengan anak-anak untuk pertama kalinya.
- Ayah mengganti popok untuk pertama kalinya.

Pikirkan video paling lucu di internet.

YouTube tidak akan sama tanpa kucing, anak anjing, gajah, fauna dan monyet.

Tapi yang paling lucu melibatkan anak-anak, remaja dan orang dewasa.

- Orang-orang yang jatuh
- Orang-orang yang mencoba beraksi
- Orang-orang yang menjadi petualang.
- Orang-orang yang terluka.
- Orang-orang yang berjalan ke jendela.
- Orang-orang yang mencoba menjadi superhero.
- Orang-orang yang sedikit mabuk.
- Anak-anak setelah mereka ke dokter gigi.
- Anak-anak yang menirukan orang tua mereka.
- Anak-anak yang memerankan perasaan mereka.
- Anak-anak yang mengamuk.

Sebagian besar lucu karena kita memiliki sesuatu dalam hidup kita yang bisa kita kaitkan dengan mereka.

Dan terkadang sifat konyol dari apa yang orang bisa bangun adalah hanya kelucuan.

Sampaikan cerita tersebut, tertawa. Dan kita bisa

meringankan presentasi humor kita dan bahkan sambungkan ke produk, layanan atau topik ketika kita menceritakannya.

Kisah Luar Biasa
Saya idak percaya!

"Anda tidak akan pernah mempercayainya!"
"Anda tidak percaya ini benar!"
'Saya tidak bisa membuat ini!"

Cerita kebetulan dan menakjubkan.

Inilah cerita yang membuat rahang kita terjatuh, tonjolan mata kita, dan kepala kita bergoyang.

Mereka begitu luar biasa, tidak dapat dipercaya, tidak mungkin, dan mustahil untuk menjadi kenyataan.

Ada banyak ucapan untuk menjelaskan hal yang tidak biasa dan menakjubkan:

"Fiksi meniru realitas."
"Anda tidak bisa membuat barang ini naik."
"Hanya di Amerika"
"Yah, mereka berasal dari negara ini"
"Anda tahu mereka hanya anak muda"
"Bagaimana itu bisa terjadi?"
"Berdasarkan kisah nyata"

Imajinasi manusia itu bagus, tapi kehidupan nyata memberi kejutan.

Film terinspirasi oleh kisah nyata, mimpi, tujuan atau imajinasi.

Apa yang mempesona kita?.

- Apa yang orang lakukan terhadap satu sama lain.
- Apa yang mereka lakukan terhadap kemarahan kita?
- Apa yang mereka lakukan diluar gairah.

- Apa yang mereka lakukan untuk cinta.
- Apa yang terjadi secara tidak sengaja.
- Apa yang terjadi saat kita sibuk membuat rencana lain.

Dan kebetulan menginginkan tulang belakang kita. Kita selalu takjub pada cara kehidupan bekerja dalam situasi aneh ini.

Kita mungkin bertanya pada diri kita sendiri sesuatu kisah nyata yang luar biasa? Itu tidak masalah. Poinnya adalah pendengar menyukai cerita yang luar biasa. Kita selalu bisa menghubungkan pokok cerita atau pesan kita. Jadi itu nilai bagi pencerita.

Mitos-mitos perkotaan sama kuatnya dengan cerita-cerita nyata. Yang seringnya.

Anda tidak akan pernah mempercayainya.

Seorang wanita Saudi meminta bantuan saudaranya untuk mengendarai kendaraan suaminya melewati lampu merah. Dia merencanakan balas dendam pada malam kedua pernikahan.

Sebuah *Video YouTube truk pickup* berputar-putar melewati lampu merah di persimpangan Saudi menjadi viral *online* dan media di negara tersebut, kemudian dilaporkan truk yang dikendarai oleh saudara ipar pemilik truk.

Laporan tersebut mengatakan bahwa istri pemilik tersebut marah pada suaminya karena memiliki istri kedua. Jadi dia menyuruh adiknya membantunya membawa truk disaat malam pernikahannya. Pasangan ini mengemudikan kendaraan melewati beberapa lampu merah yang dilengkapi dengan kamera lalu lintas dan menyebabkan denda diatas $80.000.

Apa saja contoh cerita lainnya yang tidak dapat kita percaya?

Kebetulan atau kesempatan?

Internet adalah tempat yang tepat untuk menemukan cerita. Film bahkan dibuat dengan alur yang sama.

Cinta sejati.

Serendipity adalah film dari tahun 2001 yang menampilkan John Cusack dan Kate Beckinsale di dalamnya, setelah kencan pertama yang berjalan dengan baik, Sarah (Kate) menuliskan nama dan nomor teleponnya di dalam buku. Kemudian menyumbangkan buku itu ke toko buku bekas.

Jon (John) mengunjungi setiap toko buku di negara tersebut. Dia menemukan dan membuka buku itu berharap bisa melihat nomor yang selama ini dia rindukan.

Bertahun-tahun kemudian, keduanya bertunangan untuk menikah. Masih bisa menggoyang takdir, butuh satu kesempatan terakhir untuk menyatukan mereka kembali. Jon mendapatkan bantuan dari orang terbaiknya untuk melacak gadis yang tidak bisa dia lupakan yang dimulai dari toko tempat mereka bertemu.

Sara terbang dari California ke New York berharap takdir akan membawa belahan jiwanya kembali.

Saya tidak akan menceritakan apa yang terjadi. Ini memang memiliki banyak elemen kebetulan, kesempatan, keberuntungan, dan sebagai judul menyarankan, serendipity.

Seorang Wanita Amerika di Paris

Seorang penulis Amerika Anne Parrish dan suaminya sedang berlibur di Paris pada tahun 1920. Mereka melihat-lihat toko buku dan Anne mengambil sebuah buku dengan judul favoritnya *"Jack Frost and Other Stories"*. Anne memberitahu suaminya bahwa dia telah diberi salinan oleh orang tuanya dan memiliki kenangan indah dari buku ini.

Suami Anne mengambil buku itu dan membukanya. Di sampul bagian dalam ada tertulis tulisan tangan. disebutkan, "Anne Parrish, 209 N Weber Street, Colorado Springs".

Prasasti itu ditulis dengan tulisan tangan Anne. Buku itu milik Anne sendiri dari tahun-tahun yang lalu!

Sumber – Saat Roma Menyala, oleh Alexander Woollcott.

Gadis

Saya bertemu seorang gadis di kereta. Saya mendapatkan nomor teleponnya dan mulai menghubunginya. Lalu kami menjadi dekat dan kami biasa banyak bicara. Itu bukan asmara, hanya teman.

Teman saya saat itu bercerita tentang seorang gadis yang telah dia cintai. Dia mengatakan saya tidak tahu berapa besar gadis itu berarti buatnya. Suatu hari dia memberiku nomor teleponnya dan saya melihat sebuah kontak yang disimpan dengan nama VIP. Saya penasaran ingin tahu nomornya.

Tebak milik siapa nomor tersebut? Nomor yang sama saya dapatkan dari gadis yang saya temui di kereta!! Itu adalah kebetulan yang luar biasa. Hal yang baik adalah dia dan saya tidak berniat untuk berkencan.

Shannon

Saya bekerja di tempat yang sering dilakukan pengiriman UPS. Suatu hari di sana terdapat adalah sebuah paket kecil dimana supirnya mengalami kesulitan untuk mencarinya karena alamat yang salah (salah kode pos dan pengetikan pada nama jalan), dan itu di penghujung hari.

Sopir tahu saya akrab dengan daerah itu dan hanya berharap mungkin pernah mendengar jalan ini, kemudian dia menyerahkan paket untuk saya lihat, LIHAT dan TAHAN itu adalah paket untuk ayah mertua saya.!.

Dia bahkan tidak tinggal di daerah berkode pos di tempat saya bekerja, jadi suatu kebetulan bahwa paket itu sampai ke truknya, dan dia berkesempatan bertanya apakah saya tahu jalannya. Saya bahkan tidak seharusnya berada di toko hari itu, sepertinya saya dijadwalkan untuk libur lebih awal tapi saya terikat.

Pengemudi UPS mengatakan selama 25 tahun mengemudi hal itu tidak pernah terjadi.

King's Double

Raja Italia abad kedelapan belas, Umberto pergi ke sebuah restoran di Monza dengan Jenderal Emilio Ponzia Vaglia. Pemilik restoran mengambil pesanan Sang Raja Umberto. Sang Raja menyadari bahwa dia dan pemilik restoran itu terlihat hampir identik. Mereka hampir bisa menjadi saudara laki- laki.

Ketika mereka membahas bagaimana mereka terlihat serupa, mereka mencari tahu bahwa mereka keduanya lahir pada tanggal 14 Maret 1844. Mereka berdua lahir di kota yang sama. Mereka berdua menikahi wanita bernama Margherita. Pemilik restoran membuka restorannya pada hari yang sama di saat Umberto dinobatkan sebagai Raja.

Beberapa tahun kemudian pada malam bulan Juli tanggal 2900 Raja Umberto diberitahu bahwa pemilik restoran telah meninggal dunia. Seperti yang Umberto katakan betapa menyesalnya dia mendengar kabar sedih ini, dia ditembak empat kali oleh pembunuh Gaetano Bresci. Raja Umberto dimakamkan di Pantheon.

Hanya sedikit kesenangan yang tidak beres.

Sepertinya beberapa waktu yang lalu, beberapa karyawan Boeing di lapangan memutuskan untuk mencuri sekoci darurat salah satu dari 747s. Mereka berhasil mengeluarkannya dari pabrik dan rumah.

Ketika mereka mengambilnya agar mengapung di Sungai Stilliguamish, mereka cukup dikejutkan oleh helikopter penjaga pantai pendeteksi keadaan darurat yang diaktifkan saat rakit digelembungkan.

Mereka tidak lagi bekerja di Boeing.

Urusan hati.

Seperti yang dikatakan Dorothy Fletcher dari Liverpool dengan sangat baik, ada beberapa tempat terburuk untuk terkena serangan jantung selain penerbangan trans atlantik – kecuali jika Anda bersama 15 penumpang ahli jantung dalam perjalanan menuju konferensi. Nyonya Fletcher terbang dari Manchester ke Florida untuk pernikahan putrinya pada bulan November 2003 saat bencana melanda. Pramugara mengeluarkan seruan kepada dokter di atas pesawat agar membuat diri mereka dikenal.

"Aku tidak percaya apa yang terjadi", kenang Mrs. Fletcher.

"Semua orang ini bergegas turun ke pesawat menuju saya"

Para kardiolog mampu membuatnya tetap stabil saat pesawatnya dialihkan ke North Carolina dan dia bahkan sampai di pesta pernikahan.

Menangkap bintang jatuh.

Dalam semua sejarah manusia, hanya satu orang saja yang kurang beruntung yang tertimpa meteorit. Dan sementara hukum probabilitas mendikte meteorit itu umumnya akan jatuh ke daerah tak berpenghuni seperti padang pasir atau lautan, yang satu ini mendarat pada wanita yang sedang tidur di sofa.

Pada bulan November 1954 Ann Hodges sedang tidur di ruang duduk di Sylacauga, Alabama, ketika sepotong batuan antariksa jatuh di langit- langitnya dan menghantamnya, menyebabkan memar yang sangat besar di pahanya tetapi tidak membuatnya terluka.

"Anda memiliki kesempatan lebih baik terkena tornado dan kilatan petir dan badai pada saat bersamaan", kata astronom Michael Reynolds Nasional geografis.

Kita akan bertemu lagi.

Seorang wanita di Gwent yang telah menghabiskan bertahun-tahun mencoba melacak saudara laki-lakinya yang telah lama hilang, terkejut saat mengetahui bahwa dia tinggal di seberang jalan dari rumah.

Rose Davies telah dibesarkan oleh orang tua asuh dan baru kemudian diberitahu bahwa Dia memiliki tiga saudara laki-laki. Sid dan John relatif mudah ditemukan tapi tidak ada jejak Chris disana.

Sedikitnya dia tahu bahwa dia sudah berteman dengan dia dan keluarganya.

"Saya hanya mengenal mereka selama tiga bulan," komentarnya, "tapi saya pikir mereka baik".

Kembar.

Saudara kembar, Jim Lewis dan Jim Springer, dipisahkan sejak lahir, diadopsi oleh keluarga yang berbeda. Tidak diketahui satu sama lain, kedua keluarga tersebut menamakan kedua anak laki-laki tersebut James. Kedua James tumbuh tanpa sepengetahuan yang lain, namun keduanya mencari pelatihan penegakan hukum, keduanya memiliki kemampuan dalam menggambar mekanik dan pertukangan kayu, dan masing-masing sudah menikahi wanita bernama Linda. Keduanya memiliki anak laki-laki, salah satunya bernama James Alan dan yang lainnya bernama James Allan. Saudara kembar juga menceraikan istri mereka dan menikahi wanita lain - keduanya bernama Betty. Dan mereka Keduanya dimiliki anjing yang mereka beri nama Toy.

Cerita menakjubkan menghibur. Orang yang menceritakan kisahnya, dan orang mendengar manfaat keduanya.

Kita bisa memasukkan cerita yang menakjubkan dalam presentasi kita sendiri.

Saat kita mendengar lagu yang dimainkan dari masa lalu kita mengingatkan kita pada pasangan, sekolah, pekerjaan dan masa muda kita.

Jika kita dalam penjualan, cerita yang menakjubkan dapat terhubung dengan manfaat menakjubkan dari produk kita. Atau kita mungkin memiliki cerita yang menakjubkan tentang diri kita sendiri.

Kebetulan bisa dikaitkan dengan unsur kesempatan dan keberuntungan. Dan kita bisa bandingkan dengan strategi yang disengaja, pengusaha metodis dan sukses di dunia.

Rahasia # 3

Masa Lalu dan Masa Kini

Ketika saya masih muda, saya ingin menjadi pembicara publik.

Saya mempelajari seni berbicara dan menirukan diri saya ke beberapa idola saya, Og Mandino, Jim Rohn dan Denis Waitley.

Saya membaca buku, mendengarkan kaset audio dan duduk di antara hadirin dan belajar dari setiap *presenter*.

Ketika saya membuat keputusan untuk menjadi pembicara, saya membutuhkan waktu 7 tahun untuk naik ke atas panggung dan mulai mengajar dan melatih ide-ide saya untuk khalayak di sekitar Australia.

Saya memulai karir berbicara internasional dua tahun kemudian. Lalu setiap tahun pendengar saya menjadi lebih beragam dan lebih internasional, dari Australia dan Selandia Baru ke Asia Tenggara. Amerika Serikat dan Kanada, Eropa dan Asia Tengah. Sekarang, saya bangga mengatakan bahwa saya telah mencapai tujuan saya. Pembicara internasional, pelatih dan penulis.

Ketika saya masih muda, saya belajar bermain piano.

Dari usia 14 saya mengambil pelajaran setiap Senin malam dari guru musik sekolah saya, David. Saya menjadi lebih baik dan lebih baik, mulai dari kelas 4, dan menyelesaikannya di tahun terakhir SMA setara dengan kelas 8.

David memberitahu saya setiap minggu seberapa baik kemajuan saya. Yang mengejutkan, karena saya hampir tidak berlatih sama sekali. saya membenci skala, dan metode pembelajaran tangan saya adalah cara intuitif yang lebih lambat yang tidak mempercepat pembelajaran saya seperti kecepatan yang biasa dilakukan orang lain.

Setelah satu tahun belajar, saya pikir saya bisa melakukannya sebagai seorang pianis klasik tampil di depan hadirin di seluruh dunia. Tapi kemudian saya mencaritahu mereka berlatih 4-6 jam per hari. Saya berjuang untuk berkomitmen sampai 30 menit.

Jadi, saya belajar memainkan lagu-lagu lain. Saya bermain di gereja. Saya bermain di rumah teman dan di pesta. Saya bermain di rumah dengan radio.

Kemudian waktu istirahat saya yang lama. Pada hari pertandingan, saat masih berusia 17 tahun, saya bermain selama 3 jam di Piano bar yang disebut Pippins, di Hotel Terminus di Shepparton. Saya tinggal selama dua jam setelahnya sampai bar ditutup pada tengah malam.

Saya di rumah, sebuah piano, sebuah bar, orang-orang bersantai dan saya menghibur mereka.

Saya kembali ke New Years Eve, bermain selama 5 jam, mendapat permintaan dari wanita cantik, dan orang-orang memberi saya tip untuk memainkan lagu yang mereka inginkan.

4 tahun ke kemudian saya menyelesaikan kuliah piano. Saya bermain 5 jam setiap hari Sabtu, dan kemudian mulai mengajar siswa SMA pada hari-hari libur dari kuliah saya.

Piano membayar saya selama bertahun-tahun berlatih dan memiliki cukup disiplin untuk duduk dan lulus dari empat ujian yang saya duduki.

Ketika saya masih muda.

Ini adalah pembukaan cerita yang paling sederhana. Ini mengacu pada waktu yang kita ingat, dan waktu yang dapat dilihat oleh hadirin kita.

Kita semua bisa menceritakan kisah nyata, karena kita mengenal mereka sebagai masa kecil kita – atau kapan saja saat kita masih muda. Bahkan kemarin.

Hadirin kita akan berempati, dan memasukkan diri mereka ke dalam cerita, karena ini merupakan sebuah cerita universal

> Semua orang masih muda.
> Semua orang masih kecil.
> Semua orang masih remaja
> Setiap orang punya orang tua.

Cerita paling sederhana yang bisa diceritakan adalah dari kenangan pertama kita. Setiap momen yang menentukan dalam kehidupan kita seperti garis waktu kita.

Semua keputusan yang kita buat telah mengubah hidup kita diingat dengan rasa sakit atau kesenangan.

Setiap hubungan yang kita mulai atau selesai memiliki cerita itu sendiri.

Setiap mimpi dan tujuan yang kita miliki dan gagal atau tercapai pencapaian siapa kita hari ini.

Saat kita mengemukakan cerita ini, pendengar kita akan pergi ke saat yang sama dikehidupan mereka dan berpikir kembali. Kita bisa menggunakan ini nanti dalam pembicaraan kita.

Cerita apa yang merupakan beberapa hal yang kita lakukan saat masih muda yang bisa kita bagikan?

Olahraga

- Ketika saya masih muda saya biasa bermain kriket, tapi saya tidak cukup baik untuk meraih kelas A.

- Ketika saya masih muda saya tidak pernah berolahraga dan sekarang tubuh saya membayar harganya.

- Ketika saya masih muda saya ingin bermain bola basket, tapi saya terlalu pendek dan lambat.
- Ketika saya masih muda saya ingin menjadi pemain ski menuruni bukit, tapi saya tinggal di tengah padang pasir
- Saat masih muda saya ingin bermain tenis, tapi kami tidak punya cukup uang untuk belajar.
- Ketika saya masih muda saya berenang setiap hari musim panas untuk bersenang-senang tapi tidak pernah berkompetisi.
- Saat saya masih muda saya menendang sepak bola setiap saat membangun, 365 hari setahun.
- Ketika saya masih muda saya melihat idola saya di TV dan bermimpi berada di atas panggung.
- Ketika saya masih muda saya melihat idola sepak bola saya tinggal di MCG dan itu memperkuat gairah saya untuk bermain di saat saya dewasa.
- Ketika saya masih muda saya memiliki seorang petinju terkenal yang menandatangani topi saya di sebuah pertandingan besar. Tidak pernah saya cuci lagi.

Masa kecil kita adalah masa kepolosan. Jadi cerita yang kita ceritakan dari situ tidak salah. Perhatikan juga bahwa semua kalimat di atas hanyalah pembukaan sebuah cerita yang bisa bertahan satu, dua atau bahkan 10 menit.

Apa hal lain yang terjadi saat kita muda?

Kita belajar banyak hal.

- Ketika saya masih muda, saya belajar bermain piano. Saya tidak terlalu menyukainya, jadi saya berhenti.
- Saat saya muda saya belajar bermain gitar. saya menyukai suara yang dibuatnya dan saya berlatih setiap hari.

- Ketika saya masih muda saya belajar memotong rumput menggunakan mesin pemotong rumput yang menjadi pekerjaan paruh waktu pertama saya.
- Ketika saya masih muda saya belajar memangkas mawar sehingga mereka bisa tumbuh dengan baik di musim semi.
- Ketika saya masih muda saya belajar menanam sayuran di halaman belakang rumah kami, jadi kami selalu memiliki zucchini raksasa dan semangka.
- Ketika saya masih muda saya belajar bahasa lain, dan sudah bisa fasih berbahasa Spanyol sejak saat itu.

Apa lagi yang kita pelajari? Yah, tidak semuanya dipelajari saat kita usia muda. Sebagai remaja kita belajar hal baru.

Masa Remaja

- Ketika saya masih remaja, saya mengetahui bahwa anak perempuan tidak menyukainya saat Anda melempar sesuatu pada mereka.
- Ketika saya masih remaja, saya mengetahui bahwa beberapa tubuh berubah lebih cepat daripada yang lainnya.
- Ketika saya masih remaja, saya benar-benar ingin mencium seorang gadis, tapi tidak semua wanita sama.
- Ketika saya masih remaja, saya pikir sekolah adalah segalanya.
- Ketika saya masih remaja, saya tidak sabar untuk belajar mengemudikan mobil.
- Ketika saya masih remaja, saya belajar mengendarai sepeda motor.
- Ketika saya masih remaja, saya meninggalkan rumah untuk Universitas di kota besar.

- Ketika saya masih remaja, saya menemukan anak laki-laki untuk pertama kalinya mengajak saya berkencan.
- Ketika saya masih remaja, saya belajar bahwa subjek sekolah tidak mempersiapkan saya untuk kehidupan nyata, saya mulai membaca buku karya Robert Kiyosaki dan Jim Rohn.
- Ketika saya masih remaja, saya belajar bagaimana gosip dan intimidasi bisa menghancurkan seseorang.
- Ketika saya masih remaja, saya menyadari kekuatan yang dimiliki gereja di kota negara kita.
- Saat saya masih remaja saya memberontak dan lari dari rumah.
- Saat saya remaja saya menjadi pecandu alkohol.
- Ketika saya masih remaja, saya meninggalkan rumah keluarga dan menghabiskan 12 bulan di luar negeri pada pertukaran mahasiswa
- Ketika saya masih remaja, saya belajar membuat komputer.
- Ketika saya masih remaja, saya mengetahui bahwa menjadi kutu buku bisa menjadi keren saat Anda memperbaiki telepon para gadis.

Kita lebih muda 5 menit yang lalu dari kita yang sekarang. Kita bisa menggunakan formula yang sama dalam beberapa tahun terakhir, bahkan jika kita berusia 40-an, 50 tahun atau lebih.

- Ketika saya berusia 33 tahun, saya memutuskan untuk tetap diumur ini selamanya.
- Saat saya keluarga saya mengadakan pesta besar. Mereka bilang hidup dimulai sekarang.
- Ketika saya berusia 47 tahun, saya menjual bisnis pertama saya seharga 33 juta dolar.
- Ketika saya berumur 50 tahun, saya merenungkan

prestasi saya dan tersenyum.
- Saat saya kembali ke usia 65, saya tahu saya belum bisa pensiun. Terlalu banyak pekerjaan yang masih harus dilakukan
- Ketika saya berbalik kembali ke usia 65 tahun, saya tahu bahwa masa pensiun jauh sekali. Saya tidak mampu untuk berhenti bekerja. Saya tidak memiliki tabungan.
- Ketika saya menerima hadiah ulang tahun ke 38 saya dari anak saya, saya merasa bahagia, karena itu adalah tiket ke Gran Prix Formula 1.
- Ketika saya berusia 44 tahun, saya ingat berpikir, hidup tidak akan lebih baik dari sekarang.

Jadi kita bisa menghidupkan kembali masa lalu kita dan menggunakannya sebagai referensi untuk cerita kita dari awal. Kemudian kita bisa membuat poin atau menunjukkan relevansi ceritanya sekali. Kami telah menyampaikan hal ini.

Tapi mari kita kembali ke dampak orang lain pada kita saat kita masih muda.

Siapa yang mengajar kita?

Sebagian besar orang yang memberi pengaruh awal kita adalah orang tua kita. Lalu kakek, bibi dan paman lebih terlibat

Selanjutnya teman orang tua kita dan kemudian teman sekolah kita, guru dan tutor spesialis dan pelatih olahraga terlibat.

Terakhir, pacar, pasangan, atasan, rekan kerja, dan kehidupan kita sendiri memberikan pembelajaran yang mengajari kita.

Apa yang mereka ajarkan kepada kita?

- Ketika saya masih muda, ibu saya mengajari saya untuk memiliki sopan santun. Selalu ucapkan tolong dan terima kasih. Ini adalah saran akal sehat dan ini menjadi kebiasaan yang selalu bagus untuk diingat di seluruh dunia.
- Sebenarnya terdapat dua kata-kata yang saya pelajari pertama dalam bahasa apa pun di negara tempat saya berbicara.
- Ketika saya masih muda, ayah saya mengajari saya untuk mengetik. Saya tidak mau, memang begitu sulit pada model mesin tik pendek kuno yang kami punya di sekolah. Tapi belajar untuk jenis mengetik adalah keterampilan bisnis terbaik yang bisa saya kembangkan di luar penjualan dan pemasaran.
- Mampu mengetik di 60wpm sambil duduk di sebuah kafe memungkinkan saya menulis buku sementara melihat dunia berlalu. Ini adalah proses otomatis dan telah membantu saya menulis lebih dari selusin buku dan ribuan halaman situs web dan bahan pelatihan.
- Ketika saya masih muda, nenek saya mengajari saya untuk menyukai masakan. Setiap Minggu sore kami akan memasak kue, biskuit, irisan, dan camilan yang lezat lainnya, kemudian kita bisa makan dan dibawa pulang.
- Saya selalu suka memasak, dan untuk sebagian besar masa dewasa saya, saya telah menjadi orang pertama yang sangat menyukai ke dapur.
- Ketika saya masih muda, kakek saya mengajari saya untuk menggunakan otak saya. Ketika kita berkunjung dia akan mendudukkan saya di depan teka-teki silang yang kompleks, saya dibuat berpikir dan memecahkan tantangan samar ini. Sejak saat itu, tidak ada tantangan di hadapan saya terlihat tidak mungkin. Ketika seorang

anak usia 6 tahun memecahkan teka-teki silang samar mereka merasa tak terkalahkan. Saya tidak akan pernah lupa hal itu tidak mungkin. Dan saya akan selalu ingat selalu ada solusi.

Ketika saya masih muda, bos pertama saya mengajari saya untuk bekerja keras. Dan mengikuti petunjuk. Awalnya sulit, setelah menjadi pemuda yang sangat riang. Tapi pekerjaannya melatih saya untuk bekerja keras sejak matahari terbit hingga terbenam. Saya tidak pernah mengatakan bahwa seorang petani malas di sepanjang sisa hidup saya.

Saat masih muda saya mendapat pekerjaan di sebuah pabrik. Pabrik itu mengajari saya nilai kebersihan. Kapan pun saya melihat tempat kerja yang kotor saya tidak melihat seseorang melakukan pekerjaannya. Ketika tukang bersih-bersih memiliki kebanggaan terhadap pekerjaan mereka, selebihnya tempat kerja bersinar dan lebih berharga.

Ketika saya masih muda saya belajar kekuatan bekerja dalam sebuah tim. Tim olahraga, tim kerja komunitas, tim akademisi, tim menyanyi. Hal ini membantu saya mengerjakan proyek di kemudian hari dan mengalokasikan tanggung jawab di tempat mereka berada dimanapun diperlukan. Dan untuk mengidentifikasi kekuatan dari anggota yang berbeda dan menggunakan keterampilan mereka di tempat yang tepat.

Semua cerita ini membantu orang memasuki masa kecil mereka sendiri. Apakah mereka ingat apa yang dipelajari tentang hidup, hidup dan penuh kasih.

Apa lagi yang kita lakukan saat masih muda?

- Kami tinggal di suatu tempat. Ini adalah pertanyaan yang diajukan orang saat mereka bertemu kita. "Dari mana asalmu?" Kita bisa bercerita tentang tempat tinggal kita. Lokasi merupakan bagian dari sejarah kita dan dapat menentukan kepribadian, aksen, atau pandangan kita tentang kehidupan.

- Ketika saya masih muda saya tinggal di Canberra, ibu kota Australia. Setiap hari saya mengendarai sepeda di sekitar jalan yang sudah dibangun. Mereka mengantisipasi kota dua kali lipat dalam 20 tahun ke depan. Dan memang begitu. Tapi saat saya muda, saya memiliki kebebasan untuk mengetahui seluruh pinggiran kota sebelum sebuah rumah dibangun.
- Ketika saya masih muda, orang tua saya berpisah dan kami pindah Canberra dari Shepparton. Kota yang hanya 23.000 orang ini merupakan kejutan budaya, dari sebuah kota birokrat dan pegawai negeri, ke sebuah komunitas petani orang-orang Italia dan lambannya negara.
- Ketika saya masih muda, kami pindah 6 kali dalam 18 bulan, kami menjadi perantau kota, sementara saya sedang mempersiapkan belajar untuk ujian akhir tahun saya. Ini perubahan dramatis mengajarkan saya untuk fokus pada masa sekarang dan saya meraih akademisi terbaik dan hasil olahraga saya di tahun berikutnya, termasuk menjadi wakil kepala sekolah dan kapten gedung.
- Ketika saya masih muda, saya pindah dari provinsi ke kota besar. Dari 23.000 orang sampai 3 juta, saya sekarang berada di Melbourne. Jenis kejutan budaya baru, tapi saya belajar untuk mencintai, tersesat di dalam populasi, diserap di dalam denyut energi kota besar.
- Ketika saya masih muda, saya melakukan perjalanan luar negeri pertama saya ke Manila Filipina. Saya tidak tahu seperti apa rasanya, tapi saya sangat bersemangat untuk bepergian. Bahwa perjalanan pertama menyebabkan lebih dari 2 juta KM diterbangkan ke seluruh dunia dan lebih dari 40 negara yang dikunjungi.

Ingin contoh lain? Bagaimana dengan topik terkait keluarga? Pikirkan sebuah cerita kita dapat sampaikan mulai dengan kata-kata ini:

Liburan dan Hari Libur

- Ketika saya masih muda kami pergi ke pantai untuk liburan dan ...
- Ketika saya masih muda kami pergi ke luar negeri untuk liburan kami yang baik karena...
- Ketika saya masih muda kami pergi ke kota dan melihat ...
- Ketika saya masih muda kami mengunjungi negara dan menemukan ...
- Ketika saya masih muda kami tidak punya banyak sehingga liburan kami selalu ...
- Ketika saya masih muda, kami lebih kaya daripada anak-anak lain di kota, dan sekolah kami selalu liburan...
- Ketika saya masih muda kami tidak mampu untuk berlibur jadi kami harus...
- Saat saya muda kami memiliki anak asuh di rumah kami sehingga liburan sekolah berarti...
- Ketika saya muda, kami membangun rumah kecil di halaman belakang rumah kami saat liburan...

Kegemaran/favorit?

- Ketika saya masih muda mainan favorit saya adalah ...
- Ketika saya masih muda teman favorit saya adalah ...
- Ketika saya masih muda makanan favorit saya adalah ...
- Ketika saya masih muda, kegiatan akhir pekan favorit saya ...
- Saat saya masih muda, olahraga favorit saya adalah

- Ketika saya masih muda acara TV favorit saya adalah ...
- Ketika saya masih muda band favorit saya adalah ...
- Ketika saya masih muda, bintang film favorit saya ...
- Saat saya masih muda kesukaan saya…

Pertama.

- Ketika saya masih muda pertama saya ...
- Saat saya masih muda hari pertama saya di sekolah ...
- Saat saya muda ciuman pertama saya ...
- Ketika saya masih muda pacar pertama saya ...
- Ketika saya masih muda tragedi pertama saya ...
- Ketika saya masih muda kinerja akting pertama saya ...
- Ketika saya masih muda, pemeriksaan realitas pertama saya ...
- Ketika saya masih muda kesuksesan pertama saya ...
- Saat saya masih muda ujian pertama saya...
- Saat saya muda pekerjaan pertama saya ...
- Kita memulai cerita dengan "Saat saya masih muda" untuk mendapatkan perhatian hadirin.

Adalah penting bahwa kita menghubungkan pembukaan kita dengan topik atau pokok presentasi kita.

Dengan cara inilah pendengar akan terus mendengarkan. Kita tidak menceritakan sebuah cerita untuk mengambil perhatian mereka kemudian mengubah topik pembicaraan. Kita perlu menghubungkannya dengan lancar sampai pada titik pembicaraan kita.

Kita harus memiliki cukup cerita dari contoh ini untuk mengisi hari lokakarya atau pidato. Jika kita meluangkan waktu untuk menceritakan beberapa dari hal itu dalam pidato kita, menulis atau presentasi penjualan itu akan membantu.

Penting untuk membuat setiap cerita dan membuatnya relevan. Kita perlu mempraktikkannya dan mulai membagikannya. Hal ini akan membuat pendengar tetap tertarik dan cerita-ceritanya akan terdengar segar, seperti ini adalah pertama kalinya hal itu diberitahu.

Tidak peduli berapa umur kita, kita bisa menggunakan "Ketika saya masih muda".

Bagaimana dengan masa depan?

Tidak semua pembicaraan perlu dimulai dengan masa lalu.

Kita bisa fokus pada masa depan, melukis gambar dengan kata-kata dan orang melihat apa yang kita bicarakan

Ketika kita melakukan ini, kita membawa orang keluar dari situasi mereka saat ini. Ini bisa menjadi baik jika kita menunjukkan hal-hal yang bisa di masa depan. Atau jika mereka bisa menjadi lebih baik.

- Ketika saya berusia 40 tahun, saya ingin pensiun. Untuk mewujudkannya, saya akan melakukan ini sekarang...
- Saat saya berumur 50 tahun, saya berencana untuk tinggal di Karibia. Strategi saya untuk hidup di sebuah pulau sederhana ...
- Dalam dua tahun saya akan memiliki 5 buku yang diterbitkan dan membuat sisa pendapatan. Jadi dua tahun yang lalu saya mulai menulis dan buku pertama saya sudah menghasilkan uang setiap bulan ...
- Dalam lima tahun saya akan menciptakan 5 jutawan melalui bimbingan dan pembinaan pada topik-topik berikut.

- Dalam dua puluh tahun saya berharap bisa menjadi kakek paling aktif di planet ini. Ini adalah rencana latihan saya.
- Dalam tiga puluh tahun saya masih berencana untuk jatuh cinta karena saya akan melakukan tiga hal setiap hari.

Masa depan adalah tempat yang indah untuk menyampaikan cerita karena semuanya ada dalam khayalan.

Membuat mereka lebih nyata membutuhkan menunjukkan rencana, strategi dan sebuah komitmen.

Bila kita percaya diri di masa depan, orang lain juga akan begitu. Kita harus memiliki cerita tentang masa depan kita karena mereka akan menjadi cerita masa lalu kita dengan cepat.

Rahasia # 4

Cerita orang lain

Saat pendengar mendengar kita menceritakan sebuah kisah pribadi, mereka terpesona. Mereka mendapatkan wawasan yang bisa bersifat pribadi dan emosional. Ini membawa mereka ke dunia pribadi dan mereka merasa hormat dan istimewa untuk mendengarkan.

> Menceritakan cerita kita sendiri adalah yang termudah. Mereka adalah orang-orang yang kita tahu yang terbaik. Cerita terbaik kita selanjutnya adalah cerita orang-orang terdekat kita.
> Kisah keluarga, teman dan kolega kita.

Tapi kita mungkin tidak menemukan tujuan untuk menggunakannya dalam presentasi berbicara di depan umum, promosi penjualan atau pidato.

Jika kita melakukan penelitian, kita akan menyadari bahwa ini sempurna. Kita bisa membawa sebuah pengalaman pribadi tentang kehidupan dan menghubungkannya dengan presentasi kita.

Apa sajakah topik umum yang bisa kita lihat? Lihat saja cerita pribadi tentang kehidupan kita dan keluarga dan teman kita?

- Hubungan
- Sekolah

- Teman
- Keluarga
- Perjalanan
- Olahraga
- Cinta
- Kehilangan

Kisah terbaik berhubungan dengan momen tertentu pada waktunya.

Pertimbangkan "Pengalaman Pertama".

- Cinta pertama kita
- Pekerjaan pertama kita
- Pacar pria pertama kita
- Pacar wanita pertama kita
- Bisnis pertama kita
- Patah hati kita yang pertama.
- Laporan sekolah pertama kita
- Nilai "A" pertama kita
- Kegagalan pertama kita
- Anak pertama kita
- Malam pertama kita yang tidak bisa tidur.
- Pernikahan pertama kita
- Pembelian pertama kita
- Kartu kredit pertama kita
- Pesawat terbang pertama kita.
- Naik kereta api pertama kita.
- Perjalanan luar negeri pertama kita
- Penghancuran pertama kita
- Kopi pertama kita

- Bir pertama kita
- Pelajaran bahasa pertama kita
- Kelas lukisan pertama kita
- Reaksi pertama kita terhadap Ballet atau Opera.
- Catatan pertama kita di piano.

Nostalgia pertama, tapi juga bagus untuk pendengar kita.

Pendengar mendengar kita berbicara tentang sesuatu yang kita lakukan untuk pertama kalinya. Kemudian mereka melibatkan diri mereka ke dalam cerita, dan ingat ketika mereka melakukan hal yang sama.

Ketika kita berbicara tentang pengalaman pertama kita, mereka mengingat baik hal positif maupun negatif secara bersamaan.

Dan bagian terbaiknya adalah emosi yang dipicu. Bila ada cerita emosional atau reaksi terhadap sebuah cerita, pendengar terlibat dan mereka memperhatikan. Ketika kita memberi mereka satu pengalaman emosional, mereka terhubung untuk mendengar hal berikutnya.

Cinta pertama saya

Pacar terlama saya dapatkan sewaktu di SMA juga gadis yang saya sakiti. Setelah 18 bulan bersama, saya meninggalkan propinsi ke kota besar, kuliah, dan kehidupan dewasa saya. Waktu yang kami miliki bersama sangat luar biasa, kami belajar banyak, kami berbagi banyak pengalaman. Tapi ketika suatu saat tinggal 2 jam terpisah satu sama lain, Sepertinya hal yang benar harus kami dilakukan untuk berpisah.

Itu adalah hal tersulit yang pernah saya lakukan.

Anak pertama saya

Benjamin memutuskan untuk memiliki perjalanan petualang ke dunia. Setelah lebih dari 18 jam kerja, dia masih tetap bertahan. Para dokter mempercepat proses kelahiran karena detak jantungnya meningkat drastis. Ketika dia lahir, tali pusar melilit lehernya, dua kali. Dia menjadi abu-abu, dan menjadi masuk akal saat memasuki ruangan rumah sakit yang hangat.

Dia menghabiskan waktu tiga hari di dalam tempat tidur yang lembab di bawah pengawasan 24 jam, dengan berat badan yang awalnya turun, sebelum mulai mendapatkan makanan, mandi pertama, dan kemudian menyadari hidup adalah untuk hidup, dan berat badannya mulai bertambah, berpose foto pertamanya, dan menemui keluarganya.

Hari ini, dia adalah seorang pemuda mandiri, tinggal di kota besar dan menguasai dunia. Meskipun masuk ke dunia dramatis, Ben memiliki sikap dingin dan bersikap santai terhadap kehidupan.

Kita tidak pernah bisa membiarkan masa lalu kita menentukan masa depan kita. Jika kita melakukannya, itu akan menghilangkan kemampuan pribadi kita untuk mengendalikan takdir kita melalui pilihan.

Kartu kredit pertama saya

Saya menerima kartu Visa dengan limit $ 1000 saat saya berada di tahun pertama kuliah saya. Pada usia 18 saya memiliki sedikit uang dan hanya pekerjaan paruh waktu. Saya perlu mendukung belajar 32 jam seminggu dan bepergian saya. Rumah saya berjarak dua jam perjalanan jauhnya, sepertinya pilihan yang mudah untuk mendapatkan uang.

Diberikan perjalanan. Ayah saya tinggal di Brunei, di pulau Kalimantan di Laut Cina Selatan. Saya mengunjunginya selama Natal selama beberapa minggu.

Dalam perjalanan pulang, saya singgah ke Singapura.

Sekarang ini sebelum kartu kredit memiliki otorisasi telepon atau verifikasi instan atas EFTPOS Mereka menggunakan jejak mesin *"click-clack"*, dengan salinan rangkap tiga dikeluarkan ke bank, vendor dan pelanggan.

Saya memulai hari dengan CD player baru. Ini luar biasa. Sebuah Sony

Discman dengan *Xtra-Bass* hanya $ 599.

Kami belum menggunakan komputer di Universitas untuk proyek kami, jadi kami mengetiknya. Hanya sebesar $ 300 untuk mesin tik pilihan.

Musik favorit saya kurang dari $ 10 per kaset jadi saya mendapat sekitar 15. dan beberapa CD juga. $ 100 lainnya

Jika Anda menambahkan ini, Anda mungkin menyadari hal-hal yang semakin ketat sekarang. Tanpa peraturan, dan di surga belanja, saya berada di surga.

Saya kemudian menemukan kamera seharga sekitar $ 200. Sekali lagi berhenti untuk pergi. Plaza Singapura. Toko Yamaha.

Saya melihat *Keyboard* DX-7 dan saya tahu - ini adalah sesuatu yang harus saya miliki. (Logika tidak menghentikan saya.)

Saya bekerja di piano bar dan kafe. *Keyboard* seharga adalah $ 1200. Saya tidak berpikir dua kali.

Saya tidak punya uang tunai untuk naik kereta kembali ke hotel, jadi saya berjalan 1,5 KM kembali ke Holiday Inn di Scotts Road. Dalam suhu 32 degree dan 80% kehangatan, saya berjalan kembali, akhirnya sampai ke kamar pada waktunya untuk mengemasi tas, dan menuju ke bandara dengan antar jemput pesawat.

Tiba di Australia saya jelas memiliki lebih dari tunjangan bebas tugas saya.

Saya harus meninggalkan bandara selama 2 minggu sebelum kembali ke hotel bandara, membayar bea cukai dan mengambil *keyboard* berharga saya.

Saya menghabiskan lebih dari $ 2500 hari itu di Singapura, dan butuh waktu 6 bulan untuk melunasi hutang.

Butuh waktu lama untuk membayarnya kembali dan saya harus menjual mobil dan keyboard saya, untuk melunasi hutang.

Apa yang saya pelajari?

- Anak berusia 18 tahun tidak memiliki pengekangan diri.
- Tidak merencanakan pembelanjaan Anda membuat Anda mendapat masalah.
- Menghabiskan tanpa aturan adalah ketagihan.
- Kartu kredit membebani Anda lama setelah pembelian Anda jika Anda tidak membayarnya segera.

Pelajaran demi pelajaran keluar dari pengalaman yang satu ini, yang telah membantu masalah keuangan saya sampai hari ini

Inilah kisah pribadi saya. Saya tidak bangga akan kesalahan yang saya buat, tapi berbagi ceritanya membantu saya untuk mengajari orang lain agar tidak melakukannya.

Ini semua cerita tentang saya. Cerita pribadi kami sangat bagus

Tapi…

Bagaimana dengan orang lain dalam hidup kita? Bagaimana kita bisa bercerita tentang yang orang lain dan mendapatkan dampak yang sama?

Setiap cerita yang kita miliki dalam format ini, kita bisa bertanya kepada orang lain. Mereka bisa menceritakan kisah mereka. Kita bisa menggunakannya dalam presentasi kita.

Cerita mereka akan berbeda. Mereka mungkin memiliki hasil yang berbeda, untuk membuat poin baru, sesuatu yang lain mereka pelajari.

Pertanyaan yang harus diajukan adalah:

"Ceritakan kepada saya tentang pertama Anda " ...

- Cinta pertama Anda
- Pekerjaan pertama Anda
- Hubungan Anda yang pertama.
- Bisnis pertama Anda
- Perpisahan pertama Anda
- Laporan sekolah pertama Anda yang tidak sempurna.
- "D" pertama Anda
- Penemuan pertama Anda gagal.
- Tidur pertama Anda.
- Mimpi buruk Anda yang pertama
- Impian pernikahan Anda yang pertama
- Kencan pertama Anda sebagai orang dewasa.
- Mobil pertama Anda
- Kartu kredit pertama Anda.
- Pesawat pertama Anda naik.
- Kunjungan pertama Anda ke kota.
- Perjalanan luar negeri pertama anda
- Penolakan besar pertama Anda
- Kopi pertama Anda
- Bir pertama Anda
- Pelajaran balet pertama Anda.
- Buku pertama Anda
- Reaksi pertama Anda terhadap lautan.

- Pesta Malam Tahun Baru Anda yang pertama.

Bagaimana dengan informasi lain yang bisa kita dapatkan dari orang lain? Kita hanya perlu meminta.

Ceritakan saya tentang:

- Ketika Anda kecil.
- Saat Anda remaja.
- Saat Anda mulai kuliah.
- Saat Anda kehilangan saudara kandung.
- Apa yang Anda pelajari dari ayah Anda
- Apa yang terakhir Anda ingat kata kakek Anda.
- Mengapa Anda mengagumi ibu Anda?
- Siapa saudara kesayangan Anda itu?
- Siapa yang menginspirasi Anda di sekolah
- Arah yang Anda ambil setelah sekolah
- Penawaran pekerjaan apa yang Anda terima
- Bagaimana Anda menangani penolakan.
- Ketika Anda menyadari bahwa Anda telah dewasa.
- Ke mana Anda melakukan perjalanan terlebih dahulu.

Jika kami mengajukan 10 orang pertanyaan ini, kami pasti punya cukup banyak cerita untuk menciptakan pembicaraan yang menarik. Kita bisa membahas filosofi generasi tertentu. Kita bisa meringkas pemikiran pekerja dalam bisnis. Kita dapat masuk ke dalam pikiran orang-orang tunawisma yang tinggal di jalanan.

Mengajukan pertanyaan sangat menarik jika kita mengumpulkan informasi dan kemudian melaporkannya dengan cara yang berguna.

Siapa yang bisa kita menceritakan cerita unik dan menarik?

- Ayah kita.
- Ibu kita

Ayah Saya

Saya punya banyak cerita tentang ayah saya, sejak awal hari saya. Dia selalu bermain olahraga, menggunakan peralatan elektroniknya, dan belajar tentang komputer.

Cerita apa yang bisa saya ceritakan?

- Belajar bermain *squash* dengan piyama setelah kompetisi berakhir pukul 9 malam.
- Belajar mengetik di mesin tik dengan pita dan tinta dan kertas berwarna.
- Mengendarai sepeda di sekitar Canberra dan belajar naik dengan cepat dan berhenti dengan cepat.
- Menonton dia berbicara dengan orang di seluruh dunia di Ham Radio dan menemukan ada orang di mana-mana.

Sebagai remaja, cerita saya berbeda. Kami tinggal bersama ibu kami sekitar enam jam berkendara dari rumahnya. Saya hanya mengunjunginya tiga atau empat kali per tahun. Setiap kali adalah suasana yang sempurna untuk memiliki petualangan dan menciptakan cerita.

- Menemukan dunia VCR dan film di kaset VHS.
- Bermain game di komputer Commodore 64.
- Berlayar di danau di Canberra.
- Belajar ke *Windsurf*.

Saya punya banyak cerita tentang ibu Saya

Ibu saya dan saya dekat. Karena saya adalah anak tertua, saya habiskan waktu bersamanya Ketika adik laki-laki dan perempuan saya ikut, saya adalah orang yang merawat mereka secara alami. Dengan bangga dan yakin saya akan menjawab telepon, menolong, membuat makanan, dan menjadi anak sulung yang baik.

- Ibu saya mengajari saya untuk bertanggung jawab dengan uang. Dari usia 14 saya mengelola uang saku sendiri, membeli pakaian dan cemilan sendiri.
- Ibu saya mendorong saya untuk mendapatkan pekerjaan paruh waktu. Ini masuk akal, karena saya hanya bisa menghabiskan apa yang saya dapatkan.
- Ibu saya membantu saya mengajukan beasiswa ke universitas, untuk membantu saya dengan biaya hidup seorang siswa.
- Ibu saya bekerja keras sebagai ibu tunggal selama bertahun-tahun, mendukung dan mendorong saya, kakak dan adik saya
- Ibu saya selalu siap untuk mendengarkan saat saya melewati masa remaja saya.
- Masing-masing pembukaan ini bisa menghasilkan cerita 10 menit. Dan orang akan berhubungan dengan cerita tentang seorang ibu karena setiap orang memiliki ibu.

Bagaimana jika kita kehabisan cerita kita sendiri?

Haruskah kita membuat cerita? Ini lebih sulit dari yang terlihat. Kisah sebenarnya adalah lebih mudah diingat, dan mereka lebih menarik karena merupakan kenyataan. Ingat, cerita yang menakjubkan berasal dari kehidupan nyata hampir sepanjang waktu.

Mungkin kita perlu menemukan orang-orang dalam kehidupan kita dan menceritakan kisah mereka.

Buku terlaris sepanjang masa menceritakan kisah yang sama. Dan pendengar senang mendengarkan 'favorit lama' beberapa waktu.

Thomas Edison dan bola lampu.
Leonardo DaVinci dan penemuannya.
Teori relativitas Einstein.
Alexander Bell dan teleponnya.
Madame Curie dan terapi radiasi.
Ibu Teresa merawat orang-orang di daerah kumuh Kalkuta.
Putri Diana secara aktif mendukung pengangkatan ranjau darat.

Kita bisa mendengar cerita yang terkenal setiap hari. Ini adalah cerita siapa pun bisa melihat dari internet dan menyalinnya. Ini cara malas berbicara. Kita harus lebih kreatif daripada rata-rata pembicara jika kita ingin menonjol.

Mereka bagus untuk kita dengar, tapi ada cara yang lebih baik dan cara lebih efektif menggunakan cerita tentang orang lain.

Ada banyak orang unik yang bisa kita ceritakan.

Dan kita bisa menghubungkan cerita mereka sampai ke titik yang inginkan.

Banyak pelajaran dalam hidup, pengetahuan yang kita dapatkan, kesalahan kita yang telah terlihat dan kesuksesan yang kita inginkan, semua berasal dari orang lain.

Siapa lagi yang bisa kita ceritakan tentang cerita?

- Saudara kita.
- Guru sekolah kita, favorit keduanya dan musuh kita.
- Pelatih sepak bola atau rekan olahraga kita.
- Guru atau penguji balet kita.
- Mitra kita di pesta dansa Sekolah atau Bola *Debutante*.
- Bos pertama kita dan apa yang kita pelajari dari mereka.
- Rekan kerja kita di pekerjaan pertama atau pekerjaan lainnya.

- Pengganggu di sekolah dan bagaimana kita berhubungan dengan mereka.
- Memilih anak kecil di tempat kerja.
- Ayah pacar kita dan bagaimana pertemuan pertama itu.
- Ibu pacar kita dan betapa sulitnya untuk menjauh darinya.
- Tetangga yang menakutkan semua orang takut padanya.
- Pendeta atau pendeta di gereja lokal kita atau di sekolah.
- Dosen Universitas yang mengilhami kita atau membuat kita tertidur.
- Mantan pacar yang sudah terlambat
- Mantan pacar dan mengapa dia sangat menyukai kita.
- Kepala sekolah dan pertemuan yang kita lakukan di kantornya.
- Petugas polisi dan peran mereka dalam membentuk masa remaja kita.
- Asisten toko yang kita lihat setiap hari sebelum naik bus.
- Pelaku di konser yang melihat ke mata kita.
- Petugas kebersihan di sekolah dan bagaimana kita menggoda dia.
- *Telemarketer* di telepon tadi malam.
- Kita tidak dapat lepas dari percakapan seseorang yang muncul di *website*.
- Orang mendaftar di bandara dengan sikap yang menakjubkan.
- Sopir bus yang membiarkan kita naik secara gratis saat kita tidak memiliki uang kembalian.
- Pilot yang membuat kita merasa tenang.

- Pramugari yang membantu membuat kita nyaman.
- Sahabat kita dan kepercayaan mereka pada kita.
- Musuh utama kita dan bagaimana beralih 10 tahun kemudian.
- Kakek dan nenek kita.

Segala sesuatu yang terjadi pada kita, adalah sebuah cerita yang merupakan bagian dari hidup kita. Kita bisa menambahkan arti dalam setiap cerita, saat kita mengingat dan menceritakannya dengan baik.

Setiap orang yang kita jumpai punya cerita sendiri. Bila cerita itu menggerakkan kita atau mempengaruhi kita, berarti kita memiliki bagian baru dalam cerita. Dan menceritakan bahwa cerita baru mungkin saja membantu semua orang untuk mendengarkan.

Siapa lagi yang bisa kita ajak bicara dan dapatkan cerita baru?

- Kerabat.
- Atasan.
- Pensiunan.
- Orang cacat.
- Nakhoda Fery
- Pilot.
- Perawat.
- Supir Uber.
- Atlet olimpiade.
- Pelatih Tour de France.
- Anak laki-laki pengiriman surat kabar.

Sumber cerita ada disekitar kita. Mari kita lihat apa lagi yang bisa kita lakukan untuk menemukan dan menceritakan kisah orang lain.

Rahasia # 5

Cerita emosional

Setiap cerita bagus itu emosional.

Kita ingin menceritakan sebuah kisah yang diingat dan diceritakan kembali. Emosi alat hebat yang bisa kita gunakan untuk membuat cerita yang mudah diingat.

Kita ingin merangsang reaksi emosional dari pendengar kita. Ini berarti kita perlu memasukkan informasi dan pengalaman yang selama ini telah mengemosi kita.

Setengah dari pertempuran bersedia untuk berbagi pengalaman dan emosi dan perasaan yang diingat dari cerita tersebut.

Saat kita menunjukkan emosi, pendengar mungkin akan memantulkannya kembali kepada kita. Minimal, mereka bisa berempati dan merasakan apa yang kita rasakan.

Kita harus ingat kapan kita memiliki cerita emosional, perlu ada pokok.

Sesuatu yang bisa menghubungkan pendengar dengan cerita.

Emosi tidak cukup untuk membuat cerita yang bagus. Bahkan saat emosi positif itu ada kita perlu menghubungkannya.

Emosi bisa membuat naik turun di hati khalayak.

Keterlibatan kita dalam cerita kita dengan emosi, kita membawa mereka melalui itu, dan keluar disisi yang lain.

Inilah sebabnya mengapa cerita perlu direncanakannya dengan baik, maka tersampaikan dengan baik. Untuk mencapai dampak emosional dan mencapai hasil yang kita cari.

Apa sajakah emosi yang bias kita bahas dalam cerita kita?

- Kegembiraan
- Gairah
- Kebahagiaan
- Sukses
- Prestasi
- Pengakuan
- Keberanian.
- Ironi
- Cinta
- Cinta tak berbalas
- Patah hati
- Kehilangan cinta
- Dingin seperti es
- Welas asih
- Kerentanan
- Kesedihan
- Kemarahan
- Takut
- Larangan
- Penindasan

- Menindas
- Lemah
- Tak berdaya

Emosi ini masing-masing bisa memberi reaksi pada pendengar kita. Tapi agar pendengar dapat merasakan emosi yang sama, pada saat bersamaan? Kita harus mengikatnya bersama. Bagaimana kita melakukan ini?

Dalam sebuah film

Karena film 'memindahkan' kita.

Saat kita menulis dan berbagi cerita emosional seperti film, mereka memiliki kekuatan.

Apa yang ada di sebuah film yang hebat?
Drama. Tindakan. Emosi.

Jika kita bisa membuat cerita, kita membaca seperti naskah film, penonton akan menemukan hal yang tak tertahankan.

Film terbaik yang bisa kita ciptakan dengan cerita kita? Aksi dan drama – dengan unsur fantasi, tidak ada komedi yang pernah memenangkan penghargaan akademi. Tapi Aksi dan film drama memenangkan penghargaan, menarik nama besar dan menciptakan pembayaran harian.

Sukses di Box Office?

Star Wars Episode VII - Aksi dan Drama. Lebih dari $ 2 Milyar.
Lord of the Rings Trilogy - Aksi dan Drama. Lebih dari $ 2,5 Milyar.
The Avengers I & II - Aksi dan Drama. Lebih dari $ 3 Milyar.
Film Harry Potter 7 & 8 - Aksi dan Drama. $ 2,5 Milyar.

Bagaimana penghargaan tersebut menunjukkan:

Drama Pianis di masa perang, 3 Oscar.
The English Patient - drama di masa perang, 9 Oscar.
The Last Emperor - drama yang dibuat pada tahun 1920 - 9 Oscar.

Cerita yang menjadi film yang kita cintai menjual banyak tiket. Dan mereka memenangkan penghargaan karena mereka menciptakan respon emosional dalam diri kita. Reaksi ini membantu kita terhubung dengan perasaan kita dan membuat hidup menjadi menarik.

Film memiliki bintang, mereka memiliki penjahat dan mereka memiliki ketegangan dan resolusi.

Ada rumus, urutan, gaya.

Film menangkap penonton dan mengajak mereka melakukan perjalanan emosional.

Saat kita belajar bercerita seperti film, penonton akan menangkap dengan mata, telinga, hati dan pikiran mereka.

Setiap film menggerakkan kita dengan emosi. Kita hanya perlu memilih jenis film yang akan kita tunjukkan, dan emosi mana yang ingin kita picu.

Sebuah catatan singkat tentang konteks.

Film kita perlu sesuai dengan pembicaraan kita. Mereka tidak bisa dibawa secara acak atau dalam sebuah cara yang akan membingungkan penonton.

Kita harus menemukan sebuah cerita yang akan menggambarkan gambaran yang kita inginkan untuk menyampaikan pesan kita.

Kita mungkin perlu mengembangkan karakter, menunjukkan kekurangannya, menemukan cinta, kehilangan sesuatu yang berharga atau bahkan mengalami kematian dan kelahiran kembali

Bahaya

Bahaya, risiko, petualangan dan drama mewakili pendengaran seseorang.

Mereka berharap mereka ada di sana untuk melihatnya, dan mereka mengandalkan kemampuan kita melukiskan cerita kita

Kita tidak hanya menceritakan sebuah cerita. Kita sedang membuat film.

Sensasi dari jenis cerita ini adalah sifatnya menjadi sebuah cerita yang mereka lihat sendiri.

Menonton film lebih aman daripada berada di dalamnya. Bahaya dan kegembiraan jantung mereka berdetak lebih cepat. Mata mereka terbuka lebar, terserap dalam aksinya. Tidak ada yang mengalihkan perhatian mereka.

Cerita berbahaya mungkin melibatkan kecelakaan, cedera, atau kematian. Melibatan rasa takut, keberanian dan tindakan mereka. Alasan kita semua takjub dengan cerita berbahaya adalah mereka membawa kita keluar dari kehidupan kita, dan menjadi sesuatu yang lebih bertualang.

Cerita-cerita yang penuh bahaya apa yang menarik perhatian kita?

- Cerita tentang mendaki Gunung Everest.
- Cerita tentang perkelahian dan argumentasi yang dramatis.
- Cerita tentang bencana alam.
- Cerita tentang kejar-kejaran mobil dan penjahat.
- Cerita tentang meretas dan penipuan internasional.
- Cerita tentang perdagangan narkoba.
- Cerita tentang penyeberangan perbatasan AS / Meksiko.

- Cerita tentang penyelundupan manusia.
- Cerita tentang berburu Osama bin Laden.
- Cerita tentang kecelakaan pesawat.
- Kisah kebakaran hotel.
- Cerita tentang tenggelamnya kapal feri
- Cerita tentang kereta pelarian
- Cerita tentang ancaman perang nuklir.

Cerita berbahaya berhubungan dengan topik seperti:

- Risiko.
- Penghargaan.
- Kepahlawanan.
- Takut.
- Keberanian.
- Keberanian.
- Berada di bawah tekanan.
- Menetapkan contoh.
- Kepemimpinan.
- Pengorbanan.
- Kreativitas.

Kita bisa menghubungkan cerita-cerita ini, dan kita harus cukup terbuka dan langsung membahas hubungannya. Orang akan terserap dalam cerita, jadi kita perlu mengisolasi karakter kita. Dan jelaskan apa yang telah kita pelajari dari perilaku mereka.

Apakah seseorang bergegas ke gedung yang terbakar dan menyelamatkan seorang anak? Itu adalah sebuah cerita keberanian, tidak mementingkan diri sendiri, dan pengorbanan. Mungkin kisah cinta jika ada orang menyelamatkan anggota keluarga

Bila bencana alam seperti gunung berapi menghancurkan sebuah kota maka bisa menjadi pesan tentang kehilangan masa lalu, dan harus menciptakan masa depan yang baru. Kerugian, kesedihan, kemarahan, dan pelajaran dari sesuatu yang berada di luar kendali kita.

Bagaimana contoh lain:

Kita mendengar cerita dalam berita setiap hari tentang keluarga yang melarikan diri dari satu rezim atau kemiskinan untuk menemukan rumah baru di negara baru. Inilah cerita keputusasaan, keberanian, pengorbanan, budaya, kebanggaan, perpisahan, cinta dan keinginan.

Saat kita menceritakan kisah nyata dengan emosi ini, kita bisa menangkap perhatian penonton.

Rumusnya

Kita perlu membuat cerita ini menjadi film setelah sebuah sistem atau strategi yang telah terbukti.

Harus ada hubungan emosional dengan materi atau kita akan berhenti mendengarkan. Kita akan berhenti menonton. Dan kemudian filmnya selesai. Atau dalam kasus kita, pembicaraan sudah selesai

Di film satu rangkaian cerita terungkap sebagai bagian dari gambaran besar, alur cerita atau skenario.

Sepanjang jalan ada sub alur cerita yang berbeda, sejajar dan menjalin jarak jalan cerita. Tapi keseluruhan film ini dirancang untuk menjadi cerita yang kita ceritakan pada orang lain.

Jadi kita bisa membahasnya, berdebat dengan itu. Jatuh cinta padanya. Terinspirasi olehnya. Atau jadilah terhibur.

Kita tidak perlu menemukan kembali kemudi. Semua peta perjalanan telah ditata di sini untuk memudahkan kita menulis cerita kita sendiri dan menyampaikannya kepada hadirin kita.

Pernyataan berikut digunakan untuk menggambarkan ciri-ciri seorang sutradara film hebat. Dia bekerja di sini menggambarkan seorang pencerita hebat :

1. Miliki kepercayaan diri dan keyakinan akan bakat dan kemampuan Anda
2. Miliki keberanian dan keuletan untuk bertahan "tidak peduli apa".
3. Miliki fokus tanpa henti pada apa yang mungkin dan bukan apa yang tidak mungkin dilakukan
4. Jangan pernah berhenti mencari suara, gaya dan ekspresi unik Anda.
5. Tetap setia pada diri sendiri: ini akan membimbing Anda ke orang yang tepat dan pilihan yang benar.

(Peter D Marshall, dari formula pembuatan film 7 langkahnya)

Salah satu rumus umum dalam cerita yang menangkap khalayak adalah imajinasi *"The Hero's Journey"*. Kebanyakan orang mengenali ini di *Star Wars*, *"The Hunger Game"*, *"Twilight"*, dan sebagian besar film aksi / petualangan / drama.

"The Hero's Journey" mengacu pada pola universal dasar yang ditemukan dalam cerita keliling dunia.

"Sebuah usaha pahlawan keluar dari dunia kehidupan sehari-hari menjadi keajaiban supernatural. Kekuatan menakjubkan dan tidak nyata ditemui. Ada pertempuran, tantangan, di dalam hati dan dalam pikiran. Orang bisa mati. Orang lain mungkin jatuh cinta. Tapi akhirnya kemenangan dimenangkan. Pahlawan itu kembali dari petualangan ini dengan kebijaksanaan, pengertian, kematangan dan adalah orang yang berubah".

Rumus yang sama membagi sebuah cerita menjadi struktur 3-tindakan: Persiapan, Konfrontasi, Resolusi.

ACT SATU (Set Up)
CONTOH: "Orang menemukan peluang bisnis"
1. Apa alur ceritanya dan tema ceritanya?
2. Apa "pertanyaan dramatis" yang harus dijawab?
3. Siapa tokoh utama dan apa kebutuhan dan tujuan mereka?

ACT DUA (Konfrontasi)
CONTOH: "Mereka mengalami penolakan dan kesalahpahaman saat mereka belajar keterampilan untuk menguasai jenis bisnis baru ini"
1. Apa aksi "naik" dramatis itu?
2. Apa hambatan dalam karakter utama?
3. Bagaimana karakter utama mengatasi setiap hambatan?

ACT TIGA (Resolusi)
CONTOH: "Kesuksesan finansial dan emosional dengan semua impian mereka benar datang dan sebuah organisasi besar dibangun di sekitar mereka"
1. Bagaimana ceritanya berakhir? Apa yang terjadi dengan karakter utama?
3. Apakah pertanyaan dramatis itu dijawab?

Bisakah kita melakukan hal yang sama dalam cerita kita? Bisakah kita membuat film dengan ketiganya?

Bagaimana dengan beberapa contohnya.

ACT SATU :
Laki-laki bertemu perempuan

ACT DUA :
Anak laki-laki mencoba memberi kesan, ditolak. Harus berjuang melewati pilihan lain yang dimilikinya,
    Prioritaskan seputar jadwal kerjanya, temukan cara untuk menariknya dengan menemukannya kepribadian batin.

ACT TIGA :
Laki-laki dan perempuan (atau laki-laki and laki-laki atau perempuan and perempuan) hidup bahagia selamanya.

Atau

ACT SATU :
Anak tampil dalam permainan lokal dan dikagumi karena kemampuan akting. Keinginan untuk pergi ke Hollywood.

ACT DUA :
Anak menghadiri banyak audisi. Ditolak dan terus belajar. Menunggu keberuntungan istirahat. Hampir mati mencoba. Turun menjadi terakhir $ 4 sebelum tampil di Pantai Venice dan dilihat oleh produsen Hollywood.

ACT TIGA:
Remaja dengan jutaan rupiah setelah tampil dalam cerita *Vampire / Love* melodrama di TV selama 300 minggu berjalan.

Satu contoh lagi. Lalu kita bisa mencoba menulis sendiri.

ACT ONE :
Sisipan ...

Saat kita menceritakan sebuah cerita, kita tidak bisa memecahkan formula ini, atau pendengar tidak mau menanggapi. Setiap orang telah dilatih untuk mengharapkan pendahuluan, tantangan atau perselisihan, dan resolusi.

Pertemuan, reaksi positif awal lalu penolakan, pekerjaan yang akan dilakukan dihormati, kemudian mentotal penerimaan.

Berikut adalah beberapa informasi lebih lanjut tentang pembuatan film dan pengisahan cerita.

Sebuah kisah Formula Hollywood mengikuti interaksi tiga karakter melalui *Tiga Struktur Aksi*.

Protagonis -

Inilah kisahnya. Dia adalah orang yang menginginkan sebuah tujuan.

Tujuannya haruslah sesuatu yang konkret, dapat

didefinisikan, dan dapat dicapai. Alih-alih "Saya ingin bahagia" atau "Saya ingin menjadi kaya", melainkan, "Saya ingin dia jatuh cinta kepada saya sehingga saya akan bahagia". "Saya ingin memenangkan pertandingan yang akan saya jalani sehingga saya akan menjadi kaya". "Saya ingin merampok kasino orang yang berkencan dengan mantan pacar saya, jadi saya bisa bahagia dan kaya".

Antagonis -
Orang yang menempatkan hambatan pada tujuan di jalan protagonis. Ini tidak berarti orang jahat. Tujuan antagonis terdapat beberapa cara berlawanan dengan protagonis, dan merekalah yang menghalangi perjalanan protagonis.

Karakter Hubungan –
Orang yang menyertai protagonis dalam perjalanan mereka. Biasanya, mereka adalah seseorang yang pernah ada di sana, melakukan itu sebelumnya, dan mereka memiliki kebijaksanaan untuk berkomunikasi dengan protagonis, dan protagonis tidak mendengarkan hal tersebut. Tema ceritanya, apa yang perlu dipahami oleh protagonist agar bisa berhasil, diekspresikan baik oleh atau untuk karakter ini. Di banyak kasus, ini terjadi sebagai bagian dari percakapan yang sebenarnya. Di akhir cerita, percakapan atau ekspresi tema ini akan ditinjau ulang, dan protagonis dan karakter ini akan berdamai satu sama lain.

Cerita berakhir ketika protagonis mencapai atau melepaskan tujuannya, kekalahan atau dikalahkan oleh antagonis, dan rekonsiliasi dengan hubungan karakter karakter. Semakin dekat bersama-sama hal-hal ini terjadi, semakin banyak dampak emosional cerita akan memiliki.

Bagaimana dengan ketiga tindakan tersebut. Jika kita menggunakannya dalam cerita kita, itu akan mencentang semua kotak dalam rumus cerita.

Aksi pertama; awal ceritanya Ini mengenalkan karakter dan tujuan mereka. Setelah 10% -15%, protagonis menghadapi keputusan yang menentukan, pilihan, dan bagaimana mereka menjawab kapan menentukan ada cerita atau tidak.

Aksi kedua Ini dimulai setelah seperempat cerita diceritakan. Mulai menumpuk pada masalah. Sampai setengah jalan, ceritanya telah menimbulkan pertanyaan. Menjawab mereka mulai dari sini.

Aksi Ketiga: dimulai setelah 3/4 atau lebih dari cerita tersebut telah diceritakan. Awal mula dari tindakan ketiga adalah titik terendah - yang paling jauh yang mungkin dimiliki oleh protagonis dari tujuan mereka. Di klimaks protagonis menghadapi antagonis, berdamai dengan hubungan karakter dan mengklaim keberhasilan atau kegagalan dalam tujuannya. Maka kita memiliki kesudahan, melepaskan ujung yang terbungkus dan ceritanya mencapai kesimpulan.

Contoh film:

Kesatria Kegelapan

Batman adalah protagonis. Dia tidak perlu Gotham dan juga pensiun, dan akhirnya menyerah pada tujuannya.

Joker adalah karakter hubungan. "Jangan berpura-pura kau seperti mereka." "Anda tidak seperti mereka, bahkan jika Anda menginginkannya. Anda orang aneh Seperti saya!".

Rekonsiliasi terjadi ketika Batman menjawab pertanyaan Joker – "Apakah Anda tahu bagaimana saya mendapatkan bekas luka ini?". "Tidak, tapi saya tahu bagaimana Anda mendapatkan ini". "Dia menceritakan sebuah lelucon dan menerima perannya sebagai Dark Knight."

Harvey Dent adalah antagonis. Dia menghalangi Batman dengan mengalah pada keputusan mudah dan umumnya gagal menjadi ksatria putih untuk Gotham, itu yang Batman inginkan, bahkan sebelum dia menjadi *Two-Face*.

Bagaimana dengan film dan cerita dramatis?

Tanpa drama dan konflik, tidak ada cerita. Sebuah cerita dimana semua orang bergaul dan tidak ada yang tidak menyenangkan terjadi, akan membuat semua orang bosan. Inilah alasannya "Aturan Drama".

Bisakah kita menceritakan sebuah cerita yang cukup dramatis? Berikut adalah beberapa ide untuk jenis cerita ini.

Tragedi keluarga
Kecelakaan pesawat
Perceraian

Dan di komedi?

Ada banyak cara untuk menjadi lucu - tapi cerita apa pun yang kita katakan harus lulus "Hukum lucu". Seharusnya hanya lucu saat ini karena kejutan, gerakan, perilaku yang tidak biasa atau konsekuensi dari tindakan normal.

Kita harus berhati-hati karena apa yang kita anggap lucu, mungkin tidak. Kita perlu untuk menguji.

Semua pelawak melakukan lelucon atau rutinitas ratusan kali sebelum lahir depan penonton yang dibayar atau TV khusus.

Praktik ini membuatnya terlihat spontan dan alami, namun para profesional tahu setiap tertawa membawa darah, keringat dan vodka untuk diciptakan. Ya, mungkin juga air mata.

Menginspirasi saya.

Ketika Sir Edmund Hillary sampai di puncak Gunung Everest, dia melakukannya untuk kesenangan.

"Saya pikir saya mendaki gunung karena saya mendapatkan banyak kesenangan dari itu. Saya tidak pernah mencoba untuk menganalisa hal-hal ini dengan sangat teliti, tapi saya kira semua pendaki gunung mendapatkan banyak kepuasan untuk mengatasi beberapa tantangan yang menurut mereka sangat sulit bagi mereka, atau yang barangkali mungkin sedikit berbahaya."

(http://www.brainyquote.com/quotes/authors/e/edmund_hillary.html)

Kata-kata dan juga tindakannya, mengilhami semua orang yang mengetahui tentang prestasinya. Saya yakin dia berharap agar orang melakukan hal-hal untuk kenikmatan yang sebenarnya, bukan untuk berperang, atau menaklukkan atau menang.

Kapan pun seseorang mencapai sesuatu yang bisa dianggap tidak mungkin bagi orang setiap hari, kita terinspirasi. Bila kita melihat kesuksesan dengan tantangan itu membutuhkan sejumlah besar persiapan dan dedikasi, kita terinspirasi. Ketika kita tidak bisa membayangkan betapa sulitnya seseorang melakukannya, dan kita mengetahuinya, akan terlalu berat bagi kita, kita terinspirasi.

Jika kita ingin orang mengambil tindakan dan perubahan, sebuah cerita inspirasional akan berhasil.

Manusia telah mencapai begitu banyak. Dan mereka memiliki kemampuan untuk menginspirasi melalui tindakan kita dan konsekuensinya saat mereka berisiko dan kapan mereka melakukannya. Menantang diri mereka secara pribadi dan profesional.

Keputusan yang memotivasi seseorang dibuat karena adanya inspirasi yang mereka terima.

"Inspirasi" dalam kamus berarti proses secara mental merangsang untuk melakukan atau merasakan sesuatu, terutama sesuatu yang kreatif.

Jadi inspirasi berarti kita sekarang ingin melakukan sesuatu. Api menyala di dalam diri kita dan kita berorientasi pada tindakan. kita ingin bertindak. Kita merasakan sesuatu yang baru, kita punya tujuan tepat di depan kita.

Bagi semua orang, tujuan itu berbeda. Tapi ada cerita inspiratif untuk memberikan kekuatan motivasi untuk perubahan

Apa sajakah cerita inspirasional?

- Mick Fanning melawan serangan hiu dalam kompetisi selancar. Hanya beberapa bulan kemudian dia kembali untuk memenangkan sebuah kompetisi. Dia menentang pengalaman menjelang kematiannya dan kembali ke olahraga yang dicintainya.
- Liesel Jones dari Australia mendapat Silver di 100 M pada olimpiade tahun 2008, berlatih selama empat tahun dan kembali memenangkan Emas dan lebih lama, dalam waktu tercepat kedua yang pernah ada (dia memegang rekor dunia).
- Nick Vujicic setelah dilahirkan tanpa lengan dan kaki sekarang berkeliling dunia mengilhami orang-orang cacat untuk menemukan rumah dan makna dalam kehidupan. Setiap hari dia membuktikan kepada kita bisa mengatasi hidup tanpa batas apapun.

Dalam kehidupan kita sendiri, kita memiliki cerita yang inspirasional. Kita harus menggali mereka dan mengubahnya menjadi sesuatu yang bisa kita bagikan dengan pendengar.

Kita tidak harus mendaki dulu untuk bisa memberi inspirasi.
Kita tidak harus mencari obat kanker.

Bila kita ingin menceritakan kisah kita sendiri, kita harus analitis. Itu berarti melihat kejadian dalam hidup kita. Maka kita perlu memilih dari yang kita pelajari. Selanjutnya kita menganalisisnya dan mendapatkan cerita di balik layar. Kita belajar latar belakang dan memasukkannya ke dalam cerita.

Kita mendapatkan momen kunci atau menentukan tindakan yang jelas dalam pikiran kita. Lalu kita garis besar pelajaran atau momen inspirasi dan bagaimana hal itu berlaku untuk kita hari ini dan untuk pendengar kita.

Jika kita ingin membuat cerita inspiratif, kita bisa pergi ke pembicaraan TED secara online di Ted.com. Setiap hari di seluruh dunia orang pergi ke panggung untuk berbagi pikiran yang paling menggairahkan. Mereka bangun selama 3 jam 21 menit dan memproyeksikan keyakinan dan nilai mereka. Mereka berdiri dan berbagi penemuan. Mereka memberi kita inspirasi segar untuk keluar dan menjalani hidup kita.

Hal terbaik yang dilakukan TED adalah menyediakan sebuah *platform* untuk gagasan sederhana dan inspiratif. Alih-alih harus menghadiri lokakarya tiga jam atau seminar dua hari sebagai sebuah alternatif. Tahap ini memungkinkan orang memiliki satu ide bagus untuk membaginya selama 18 menit atau kurang.

Untuk pertama kalinya kami memiliki lingkungan non-akademik untuk mendengarkan ilmuwan dan peneliti. Kita bisa mengambil informasi yang menakjubkan tanpa harus menghadiri konferensi universitas atau keilmuan.

Kita bisa mendapatkan rahasia sukses dan sukses dari Milyuner dan Milyarder.

Kita bisa belajar menemukan cinta dan mengatasi rintangan.

Kita bisa melihat orang-orang cacat dan mendengar cerita mereka menemukan tempat mereka di dunia.

Kita bisa menemukan fakta dan gambaran tentang dunia kita.

Kita bisa belajar dari orang yang mungkin belum pernah kita lihat tanpa *platform* ini.

Kita semua bisa belajar dari format ini. Kita semua harus menonton setidaknya TED berbicara dua atau tiga kali dalam seminggu.

Setiap kisah inspiratif menawarkan wawasan tentang

kemampuan manusia untuk melakukannya hal yang luar biasa.

Bagaimana dengan prestasi fisik?

Dari mendaki Gunung Everest ke menyelam bebas, dari mengendarai sepeda melintasi Asia dan Paralayang Grand Canyon.

> Paralympians mengendarai kursi roda di maraton Olimpiade.
> Amputasi dengan anggota tubuh palsu yang berlari dengan kecepatan *sprint* 100 M.
> Perenang buta

Setiap kali kita mendengar sebuah cerita yang mengilhami kita, hal itu membuat seseorang menjadi lebih tidak mungkin menjadi mungkin.

Cerita inspirasional membuat sesuatu menjadi luar biasa, bisa dipercaya.

Dan seorang pemimpin inspirasional memberi contoh bagi orang lain untuk diikuti. Kita suka mengutip para pemimpin dalam cerita kita dan untuk membuat sebuah poin. Karena pemimpin memiliki rasa hormat dan kepercayaan instan dari pendengar. Sekarang kita hanya perlu membuat hubungan antara cerita dan pesan kita

Siapakah beberapa pemimpin politik yang inspirasional?

Martin Luther King
Margaret Thatcher
Ronald Reagan
Abraham Lincoln
Indira Ghandi
Nelson Mandela
Suing Yong Ki

Justin Trudeau
John F. Kennedy

Setiap orang memiliki cerita yang bisa kita ceritakan dan menceritakan kembali untuk membantu kita.

JFK - ke bulan
Indira Gandhi
Abraham Lincoln

Siapa lagi yang kita tahu itu inspirasional?

Bagaimana dengan orang kreatif atau inventif.

Berikut adalah daftar kecil orang yang secara kreatif menemukan sesuatu untuk memecahkan masalah dan membuat hidup lebih mudah dan lebih menarik

- Wright Brothers - pesawat terbang
- Joseph Niece - foto pertama yang diambil oleh Kamera
- Percy Spencer - Oven microwave
- Mesin kopi Melitta Bentz - 1908
- Steve Jobs - iPhone
- Cares Crosby - bagian belakang Brassiere
- Bill Gates - Sistem Operasi Windows untuk PC
- Edwin Land - Sunglasses dengan filter polarisasi (gelap)
- Alexander Fleming - Penisilin
- Stephanie Kwolek - Kevlar

Kita bisa menceritakan kisah mereka tentang bagaimana mereka bekerja memecahkan masalah.

Bagaimana mereka mencoba dan gagal. Bagaimana mereka berhasil. Bagaimana hal itu mempengaruhi keluarga mereka. Bagaimana penemuan mereka mengubah dunia.

Setiap penemuan memiliki makna emosional yang berbeda tergantung pada pendengar.

Inilah sebabnya mengapa sebagian besar waktu kita menggunakan cerita universal yang bisa dikaitkan dengan siapapun.

Inilah sebabnya mengapa Galileo, Edison, Jobs dan lain-lain disebutkan berkali-kali. Semua orang adalah bagian dari alam semesta. Kita semua menggunakan listrik. Dan hampir semua orang memiliki ponsel pintar.

Tapi pembicara profesional melakukan penelitian terhadap pendengar dan temuan cerita mereka yang akan menjadi penting dan relevan. Cerita itu bisa menginspirasi karena akan memicu nilai dan prinsip mereka yang paling penting bagi para pendengar.

Ingin menginspirasi seseorang untuk mendaki gunung?

Ceritakan kisah Sir Edmund Hillarys. Jadilah yang pertama melakukan sesuatu dan Anda selamanya diabadikan dalam sejarah tentang apa prestasi Anda.

Membutuhkan pendengar untuk mempertimbangkan sesuatu yang berani dan berani.

Bagaimana kalau mengajak seseorang berlayar keliling dunia selagi masih remaja? Jessica Watson di kapal pesiar Ella Bache pink miliknya memiliki cerita untuk menceritakan tentang bahaya melakukannya sendiri dan dipenuhi perasaan berlayar ke Sydney Harbour untuk bertemu dengan ratusan ribu anak muda yang menyadari segala sesuatu adalah mungkin.

Cerita tentang daya tahan dan kebugaran dan permainan adil?

Bagaimana bermain sepak bola berturut-turut tanpa cedera atau penangguhan? Jim Stynes memainkan 244 pertandingan berturut-turut dari Aturan Sepakbola Australian sebelum melanggar tangannya. Itu lebih dari 11 tahun sepak bola dan sebuah catatan yang telah berlangsung hampir 20 tahun, dan bisa berlangsung selamanya.

Ingin menceritakan kisah seseorang yang datang dan mendominasi olahraga?

Berenang

Olympian yang paling banyak didekorasi sepanjang masa, dengan total 22 medali dalam tiga pertandingan

Olympian. Michael Phelps juga memegang rekor sepanjang masa untuk medali emas Olimpiade (18, dua kali lipat pemegang rekor tertinggi kedua), medali emas Olimpiade di acara individu (11), dan medali Olimpiade dalam acara individual untuk pria (13).

Dan dia keluar dari masa pensiun dan lolos ke Olimpiade Rio 12 tahun setelah penampilan pertamanya di Athena pada tahun 2004. Apa lagi yang mungkin terjadi untuk sebuah pemecah rekor dan Olympian terbesar sepanjang masa?

Balap mobil

Michael Schumacher adalah pembalap purnawirawan Jerman. Dia tujuh kali memenangkan Formula One World Champion dan secara luas dianggap sebagai salah satu pembalap Formula Satu yang terhebat sepanjang masa. Dia bernama Laureus World Sportsman of The Year. Dia memenangkan dua gelar dengan Benetton pada tahun 1994 dan 1995 sebelum pindah ke Ferrari dimana dia melaju selama sebelas tahun. Waktunya bersama Ferrari menghasilkan lima gelar berturut-turut antara tahun 2000 dan 2004.

Penguasaannya terhadap olahraga itu hanya cocok dengan rasa takut dan rasa hormat dari teman sesama pengemudi kepadanya terbayar. Dia meninggalkan olahraga yang mengilhami generasi baru pengemudi.

Menerbangkan Pesawat

Earhart adalah penerbang wanita pertama yang terbang solo melintasi Samudra Atlantik. Dia menerima *U.S. Distinguished Flying Cross* untuk catatan ini. Dia membuat banyak catatan lainnya, menulis buku laris tentang pengalaman terbangnya, berperan dalam pembentukan *The Ninety-Nines*, sebuah organisasi untuk pilot wanita. Earhart bergabung dengan fakultas jurusan penerbangan di Universitas Purdue tahun 1935 sebagai anggota tamu fakultas untuk menasihati wanita dalam karir dan membantu menginspirasi yang lain dengan cintanya untuk penerbangan. Dia juga anggota Nasional *Parta Wanita*, dan pendukung awal Amandemen Hak Persamaan.

Jika dia bisa menghadapi tantangan seperti terbang melintasi Atlantik yang terkenal dan berhasil, apapun itu mungkin bagi wanita dan pria.

Rahasia # 6

Sebelum dan sesudah

Inilah kisah transformasi pribadi

Dan mereka menarik bagi semua orang karena mereka menempatkan diri di dalam cerita. Ketika mereka berada dalam cerita, mereka juga menginginkan 'setelahnya'. Hal ini mempermudah untuk memimpin mereka, mengikuti saran atau saran yang kita berikan melalui cerita kita dan pengajaran atau pelatihan kita.

Karena orang ingin berubah, tapi mereka merasa lebih mudah melakukannya jika ada orang lain yang sudah melakukannya.

Apa yang ada sebelum dan sesudah cerita yang bisa kita ceritakan dari kehidupan kita sendiri atau kehidupan orang lain?

- Kehilangan berat.
- Belajar keterampilan.
- Menghasilkan uang.
- Membangun bisnis.
- Memiliki bayi.
- Menjadi orang tua.
- Memiliki seorang remaja.
- Bepergian ke dunia.

- Belajar bahasa.
- Menjadi seorang karyawan.
- Menjadi bos.
- Bekerja di pemerintahan.
- Bekerja di perusahaan nirlaba.
- Menghadiri sebuah lokakarya.
- Memimpin sebuah lokakarya.
- Mengembangkan keterampilan.
- Mengajarkan keterampilan itu.

Saat kita muda, sulit membayangkan apa yang akan terjadi di masa depan.

Kita memiliki pengalaman tertentu, dan kita melihat kehidupan melalui itu.

Kita juga tidak memiliki realitas di luar pengalaman kami yang sebenarnya. Artinya semua itu mengherankan.

Tapi saat kita melakukan aksi sengaja menuju tujuan atau penemuan baru mengubah segalanya. Kita bisa melihat dimana kita berada dan kemana kita inginkan. Kita bisa melihat apa yang kita ketahui dan apa yang tidak kita ketahui.

Kita bisa melihat tingkat yang telah kita capai dan bercita-cita untuk sesuatu yang lebih.

Mari kita lihat beberapa cerita sebelum dan sesudah cerita yang bisa kita ciptakan.

Kehilangan Berat

"Sebelumnya saya menimbang berat 270 pon. Saat ini saya 220 pon, masih ada 50 pon. Pikiran saya tidak pernah berkomitmen penuh sampai saya mendapat nasehat dari "Dokter *Skinny's*". Tapi tak satu pun dari hal itu akan mungkin terjadi tanpa dukungan dari teman saya dan diet hebat yang pernah saya jalani."

"Sebelumnya saya tidak pernah bisa menyingkirkan lemak seberat 3 pon terakhir di sekitar paha saya. Setelah hanya 90 hari menggunakan *Ab-Blaster* saya memiliki enam kotak, ramping dan kaki yang kuat, dan saya mendapat pujian seperti saat saya berusia 18 tahun di Universitas."

"Sebelumnya saya harus berhenti di setiap tangga untuk menarik napas. Saya lelah. Seperti ransel seberat ekstra 30 pon yang saya bawa tidak bisa saya goyangkan. Setelah 6 minggu dengan pelatih pribadi, saya kehilangan 10 pon dan saya bisa melihat cahaya di ujung terowongan. Tangga? Ayo!"

Tingkat Energi

"Sebelum memulai produk ini, sampai jam 3 siang sore di tempat kerja dan saya membutuhkan *Red Bull* atau kopi espresso agar tetap terjaga. Setelah menukar sarapan rutin saya dengan sereal manis sampai super gemetar saya, saya punya tenaga untuk pergi seharian tanpa secangkir latte! Lebih banyak energi dan saya juga menabung!"

"Latihan yang saya lakukan sebagai pelatih pribadi melelahkan saya, bukan memberi energi pada saya. Sebelum saya menghabiskan 20 sesi dalam latihan kelompok kebugaran dan tidak sabar untuk sampai Hari Jumat untuk tidur panjang. Setelah menggeser diet saya menurut "Diet XYZ" saya dapat melakukan sesi kebugaran saya dan meningkatkan kemampuan pribadi saya dalam dalam berlari sejauh 5 mil."

"Saya selalu ingin mengurangi jumlah kopi yang saya minum. Dua cangkir saat pagi, dan tiga latte lagi sepanjang hari. Sebelumnya *"SuperCoffee"* saya menghabiskan uang lebih dari $ 13 per hari dan memiliki masalah dengan pencernaan saya dan tidak lagi terasa sepi kafein. Setelah hanya di *SuperCoffee* saya punya lebih energi, butuh sedikit kopi, dan saya mencicipi makanan lezat lagi!".

Perawatan Kulit

"Sebelumnya saya biasa melihat ke cermin dan melihat garis-garis seperti Nenek saya. Tapi umur saya 31.! Setelah hanya 7 hari menggunakan produk ini saya melihat garis memudar, dan kulit saya terasa lembut dan bercahaya."

"Sebelumnya saya melihat binik matahari dan bertanya-tanya apakah mereka akan pergi, atau menjadi lebih buruk. Setelah 21 hari menggunakan produk ini, bintik-bintiknya hilang, dan kepalaku tidak lagi terlihat seperti remaja berbintik-bintik. Saya merasa seperti saya melihat usia saya lagi."

Kesehatan Umum

"Dahulu saya khawatir mengalami serangan jantung karena tanda genetic di keluarga saya. Setelah sebulan CoQ10 jantung saya terasa kuat, saya tidak lagi merasa takut, dan saya menjalani hidup sepenuhnya."

"Sebelum
"Sebelum

Keterampilan Tambahan

"Sebelumnya saya tidak bisa mengetik lebih dari 10 kata per menit. saya biasa melihat tuts, menggunakan dua atau tiga jari. Dan saya harus terus menatap layar."

"Setelah mengikuti kursus Tutorial Mengetik, saya mendapatkan kecepatan saya hingga 20 per kata."

"Saya tidak pernah melihat jari saya, dan akhirnya saya bisa mulai menulis buku, saya selalu bermimpi saya akan menulis."

Parenting dan Hubungan

"Sebelumnya saya kesal mengasuh anak remaja saya. Setelah saya membaca buku "Orangtua Super" yang luar biasa, saya merasa terkendali lagi. Saya memiliki strategi untuk menjadi seorang Orangtua yang sukses dan menikmati masa remaja untuk pertama kalinya. Sekarang kami berdua memiliki hubungan yang lebih dekat dari sebelumnya."

"Sebelumnya anak-anak saya memperlakukan saya seperti orang asing. Setelah pengunduran akhir pekan ini, saya merasa bisa menjadikan mereka teman saya lagi."

"Sebelumnya saya pikir saya harus kuat dalam pernikahan kami dan tidak pernah mengakui adanya ketakutan atau kelemahan. Setelah mendengarkan suami saya menceritakan keyakinannya kepada saya, saya merasakan percaya diri untuk berbagi dengannya agar kita bisa lebih kuat bersama."

"Sebelum bayi lahir, saya takut akan menjadi orangtua yang buruk. Setelah tiga bulan pertama saya sadar hanya alamiah saya. Dan saya lebih mencintai bayi ini dan saya tahu saya melakukan pekerjaan yang terbaik yang saya bisa."

Sukses Bisnis

"Sebelum saya membaca buku ini, saya berpikir saya gagal dan tidak akan pernah membuat semuanya berhasil. Setelah menyadari bahwa kebanyakan orang mengalami beberapa kehancuran dalam beberapa bisnis sebelum kesuksesan besar mereka, saya bergerak maju lebih cepat ke arah mimpi kewiraswastaan saya."

"Sebelumnya saya punya 200 produk dan bisnis saya sibuk hanya menjaga stok dan menyelesaikan pekerjaan tepat waktu. Setelah kami menyederhanakan berbagai produk menjadi 3 item inti dan 4 variasi, penjualan naik, keuntungan naik dan semangat di sekitar perusahaan meningkat."

"Sebelumnya saya berpikir saya harus melakukan semuanya sendiri. Setelah menyewa asisten virtual pertama saya, saya mendapat yang lainnya sampai sekarang bisnis saya 10 x lebih besar dan biaya *overhead* saya lebih kecil dari pada saat saya menyewa kantor di daerah pinggiran kota."

Perjalanan

"Sebelum meninggalkan rumah, petualangan terbesar saya adalah pertunjukan tahunan Melbourne. Setelah terbang ke Kamboja saya sekarang melihat Siem Reap, dan melihat sejarah kota hancur yang dahulunya merupakan pusat dunia Asia."

"Sebelum saya pergi ke Inggris saya pikir semua orang sama di Inggris. Setelah melihat London, Edinburgh dan Dublin, saya merasa tahu akar budaya kami adalah Orang Irlandia, Skotlandia dan Inggris serta perbedaan- perbedaan unik mereka."

"Sebelum saya pergi ke Turki, saya hanya pernah mendapatkan kebab di kota asal saya. Saat saya makan di Taksim Square saya merasakan makan makanan nyata Turki di pusat kota Istanbul dan itu nyata."

Transformasi Perjalanan

Perjalanan menuju sukses tidak pernah berjalan lurus

Kebanyakan orang menyadari "cepat kaya" adalah sebuah mitos.

Mereka tahu ada banyak pengalaman belajar sepanjang jalan untuk memiliki sebuah bisnis yang sukses. Tidak masalah apakah itu *franchise,* salon potong rambut, pemasaran jaringan atau menjalankan amal.

Perjalanan menuju sukses memiliki banyak kerikil di sepanjang jalan.

Jika kita menulis sebuah cerita pasti ada sesuatu yang menarik dari perjalanan. Hanya 'menjadi sukses' tidak perlu didengarkan.

Berita utama untuk cerita semacam ini bisa seperti :

- Rahasia multi-jutawan : satu wanita melakukan perjalanan dari barat pinggiran Sydney ke Perumahan harbourside.
- Membangun dan Kekaisaran: Dongeng miskin ke kaya untuk innovator sekolah swasta Miami.
- Silicon Valley Superstar: Transisi Oakland ke Pacific Heights dari sebuah ikon multimedia, bagaimana hal tersebut dimulai?

Daya tariknya tidak pernah berakhir untuk pendengar yang ingin tahu bagaimana mereka bisa sampai ke puncak.

Ketika orang-orang lapar akan rahasia kesuksesan mereka akan senang mendengar ceritanya dari orang lain mereka dapat menyalin atau model perjalanan mereka sendiri.

Beberapa berita utama lagi?

- Bagaimana saya kehilangan $ 1 juta dan kemudian menghasilkan $ 2 juta dalam 6 bulan ke depan.
- Bencana hubungan saya dan bagaimana saya menciptakan pasangan ideal saya.
- Bercerai dan putus satu tahun - menikah dan kaya berikutnya.
- Bagaimana mengabaikan satu prinsip pengelolaan uang melumpuhkan bisnis $ 200.000 saya.
- Mengapa staf perekrutan penting - bencana HR dari lemari besi.
- Menghasilkan uang itu mudah, menjaga hal itu sulit. Apa yang saya pelajari dengan tidak belajar akuntansi untuk 5 tahun pertama bisnis saya.
- 7 Kesalahan penjualan orang dilakukan setiap hari, dan mengapa harganya puluhan ribuan dolar
- Dimana menemukan kesuksesan Anda berikutnya - setelah kegagalan Anda selanjutnya.

- Jalan menuju bencana mencakup tiga kegiatan pengelolaan uang yang malas ini.

Apa kegagalan kisah sukses yang bisa kita ciptakan dari kehidupan kita sendiri?

- Untuk ujian SMU terakhir kami berkorban berpesta, belajar dengan giat saat itu mendapatkan semua "A's."
- Kami tidak masuk ke perguruan tinggi atau universitas pilihan kami tapi akhirnya mendapatkan sesuatu yang lebih baik lagi.
- Kami mengalami perpisahan yang tragis dan hati kami hancur, sampai kami menemukan cinta sejati kami.
- Kita ingin menjadi orang tua yang hebat dan tidak membuat kesalahan yang sama seperti yang kita amati
- tumbuh besar. Betapa kita benar dalam mengasuh anak kita sendiri untuk merasa puas dengan peran itu.
- Kita kehilangan pekerjaan tapi memenangkan gadis itu.
- Tahap ketakutan dan ketakutan lalu berubah menjadi pidato inspirasional di depan 1000 orang.
- Kinerja kecemasan saat bermain musik dalam ujian yang berubah menjadi sebuah tepuk tangan di papan ujian.
- Dipecat dari pekerjaan kemudian mendapatkan kesempatan luar negeri untuk sesuatu yang dua kali lebih banyak terbayar.
- Tidak dapat melanjutkan melalui audisi akting tapi mendapatkan pekerjaan menari sebagai gantinya.
- Memiliki naskah yang ditolak oleh penerbit maka mempublikasikan jutaan sendiri.
- Tidak diundang kembali ke tim sepak bola, tapi menjadi pelatih hebat.

- Dikeluarkan dari daftar pendek di kelas drama kemudian pergi keluar dan menghadiri 100 audisi dan tampil di blockbuster Hollywood.
- Tidak melakukan pekerjaan rumah kita, putus sekolah, lalu menciptakan bisnis yang menghasilkan jutaan.

Ini hanya untuk pemula.

Apa lagi yang kita miliki di masa dewasa kita yang kita sebut "kegagalan" atau "Bencana"?

- Perpisahan hubungan besar pertama kami yang mengajarkan kita pelajaran yang kita masukkan ke dalam sebuah buku yang menjadi terlaris.
- Membuang uang di tempat kerja kita hanya untuk ditunjuk sebagai CFO dan membuat bisnis yang paling efisien yang pernah ada.
- Pemesanan sesuatu yang tidak dapat dikembalikan seperti hotel atau penerbangan pada hari yang salah hanya untuk menerima peningkatan kelas dari hotel ketika kami akhirnya tinggal di sana.
- Berteriak pada rekan kerja, lalu menjadi pelatih yang sukses dalam kesetaraan, toleransi dan anti diskriminasi.
- Secara fisik menyerang seseorang, lalu menghabiskan waktu di penjara dan keluar dari rumah, mengilhami orang lain untuk menjalani hidup yang toleran dan tenang.
- Mematahkan tulang kita sendiri di awal tahun terakhir SMA kemudian penyembuhan dan terjadi untuk memenangkan 100 meter di atletik.

Kemungkinan cerita tentang rasa sakit, penderitaan, kehilangan dan keadilan diikuti oleh penebusan mereka tidak ada habisnya.

Penebusan.

Mungkin kita punya cerita yang berbicara tentang bagaimana kita kehilangan pekerjaan karena kita tidak bisa bergaul dengan rekan kerja kita. Dan dalam kemarahan kita meninju hidung mereka

> Kami dituduh oleh polisi dengan serangan.

Suatu hari di depan pengadilan di depan hakim dan harus bertobat, rendah hati, dan minta maaf dan meskipun kami menerima denda, hukuman yang harus dihentikan, dan harus dilakukan permintaan maaf verbal di depan orang asing, media dan korban. Dan kami kehilangan pekerjaan kami

> Ceritanya tidak bisa berhenti di situ.

Dimana penebusannya?

Itu pasti ada di bagian kedua cerita ini.
Pendengar akan menunggunya.
Kita harus menyediakan kebutuhan mereka untuk menyelesaikan situasi dan memiliki lapisan perak ke awan.

Setelah keputusan pengadilan, apa yang terjadi?

- Apakah kita melakukan pengabdian masyarakat dan mengembangkan semangat untuk membersihkan lingkungan?
- Apakah kita memulai bisnis rumahan untuk melunasi denda?
- Apakah kita berkeliling dan harus berbicara di sekolah tentang kekerasan di tempat kerja
- dan kita nikmati berbicara?
- Jika kita terlalu termotivasi untuk tidak keluar dari penjara, kita mengambil kelas manajemen kemarahan.
- Mungkin kita memiliki momen bercahaya dan bergerak ke jalan pendidikan di penjara untuk membantu orang-

orang yang memiliki masalah kemarahan.
- Atau kita mungkin telah menulis sebuah buku tentang cara-cara untuk mengatasi kesabaran kita.
- Atau bagaimana menyalurkan kemarahan kita ke daerah lain yang lebih produktif seperti olahraga, latihan dan pekerjaan kita.

Kita harus menunjukkan lapisan perak dalam cerita kita. Perlu ada yang positif yang bisa dikatakan orang – "bahkan bila terjadi sesuatu hal buruk, yang baik bisa datang darinya."

Jika kita melakukan ini, orang akan condong ke depan dan ingin mendengar cerita ini dan cerita kita selanjutnya.

Rahasia # 7

Kisah Penjualan

Orang bilang ini bagian yang terbaik

Berdiri di depan sorotan 2.500 orang yang melotot kepada saya harus membuat kesan pertama yang baik.

Jadi saya mengatakan dua kata paling kuat yang dapat Anda gunakan di depan pendengar mana pun, selain nama mereka

Terima kasih

"Terima kasih atas pendahuluannya. Terima kasih telah berada bersama saya di konvensi. Terima kasih telah mengikuti pelatihan dan lokakarya saya dalam 12 bulan terakhir, sebenarnya perusahaan Anda menghasilkan lebih dari 30% dari semua pendaftaran acara kami".

"Terima kasih telah menghadiri lokakarya kepemimpinan pribadi saya. Bagi mereka yang belum pernah melihatnya, orang mengatakan kepada saya bahwa bagian terbaik dari lokakarya adalah penetapan tujuan strategis. Ini sesuai dengan pergeseran 300%. Ini adalah konsep penetapan tujuan yang paling kuat yang pernah saya bagi".

"Jadi saya memutuskan untuk merekamnya. Lamanya sekitar 20 menit, hanya $ 10 dan saya punya 1000 eksemplar pada saya hari ini. Kita mungkin akan menjualnya".

"Saya punya beberapa barang lain di stan penjualan kami,

silakan datang dan kunjungi".

"Terima kasih sekali lagi telah bersama saya, dan nikmati istirahat teh pagi Anda."

Saya berjalan dari panggung, pergi ke stan penjualan kami, meja sepanjang 24 kaki ditutupi oleh produk untuk dijual.

Dan kerumunan sudah 8 kedalaman. Orang-orang berkerumun di meja, membuang uang untuk mendapatkan produk yang kami jual.

Kami menjual semua 1000 CD dalam 15 menit, dan bagian yang terbaik? Hari itu kita menjual lebih dari $ 67.000 produk, hari terbesar kami.

Sekarang, ini adalah kisah nyata. Ini adalah cerita yang telah saya ceritakan berkali-kali untuk menunjukkan kekuatan menggunakan kata "terima kasih" dalam presentasi atau ucapan.

Cerita ini telah membantu saya membuktikan kepada orang-orang yang perlu kami ceritakan dalam sebuah presentasi. Membantu kami menjual lebih banyak.

Ini juga bukti orang membeli apa yang harus saya jual.

Dan orang bertindak saat saya berbicara.

Tapi orang tidak harus percaya pada saya. Saya mungkin orang asing jika mereka tidak bertemu saya sebelumnya Mereka. hanya mendengarkan ceritanya dan itu meyakinkan saya.

Saat kita menjual apapun, kita mencari nilai tukar.

Kita menginginkan uang untuk produk atau jasa yang kita jual.

Dan cara terbaik untuk menjual apapun, adalah dengan menceritakan cerita tentang orang lain yang menyukai apa yang kita jual.

Kekuatan ceritanya di sini sangat kuat, tidak ada teknik

lain yang datang mendekat.

Kita bisa berbicara sepanjang hari tentang produk kita, tapi orang tidak mempercayai kita.

Mereka mempercayai realitas orang lain yang menjadi pelanggan kita.

Testimonial
Pengesahan
Rekomendasi

Semua ini memberi prospek lebih banyak alasan untuk membeli dari kita.

Jika ini benar, kita harus mengurangi presentasi kita dari begitu banyak fakta dan rupa produk kita, dan ceritakan dan tunjukkan lebih banyak cerita tentang orang yang menggunakan produk tersebut. Berbagi apa yang mereka sukai. Video mereka saat menggunakannya. Tulis ulasan dan referensi.

Apa yang harus dilakukan terlebih dahulu.

Kita perlu mendapatkan cerita dari para pelanggan kita.

Ini bisa sesederhana meminta umpan balik. Kemudian sampaikan umpan balik itu kepada pelanggan masa depan kita.

Mungkin ulasan di situs kita atau halaman Facebook. Lalu kita bisa potong layar, mencetak, dan memasukkannya ke dalam paket pemasaran kita.

Mungkin ini adalah video testimonial yang dikumpulkan di salah satu acara *live sales* kita. Disaat orang-orang emosional, mereka memberikan ulasan terbaik.

Bagaimana kita mendapatkan umpan baliknya?

- Letakkan sebuah survei di website kita.
- Kirim email kepada yang meminta masukan.

- Bicaralah dengan pelanggan segera setelah pembelian.
- Buat video saat seseorang telah menggunakan produk selama seminggu atau satu bulan.
- Dapatkan dukungan tertulis atau review buku saat orang mendapatkan salinan awal.
- Minta formulir umpan balik yang tersedia di toko kita untuk umpan balik cepat.
- Hotel memiliki formulir di samping tempat tidur yang bertanya "Bagaimana kita melakukannya" karena memecahkan masalah lebih mudah jika dilakukan dengan segera.
- Mendapatkan umpan balik melalui telepon kurang efektif hari ini, tapi juga mungkin tindak lanjuti dengan panggilan 1, 3 atau 7 hari setelah pembelian.
- Bangun harapan umpan balik atau ulasan dengan memintanya lebih awal.
- Jangan menjual apapun tanpa mendapat arahan ke teman lainnya. Dan hal itu merupakan rujukan menanyakan bagian produk atau layanan apa yang menurut mereka akan menjadi teman mereka yang paling tertarik.
- Pada acara Mastermind Art Jonak, peserta diwawancarai di depan kamera inti berpidato. Tingkat energi tinggi, dan orang yang berbicara itu alami dan positif tentang pengalaman.
- Pada akhir pekan Anthony Robbins UPW, orang-orang berjalan-jalan dan menyebarkan secara online selama berhari-hari dan berminggu-minggu setelahnya. Ini adalah iklan terbaik, disaat pelanggan memiliki pengalaman transformasi dan secara spontan membagikannya.

Bila kita memiliki seseorang di toko kita, kita bisa mendorong mereka untuk mengambil fotonya dengan produk yang mereka beli. Berpose dengan staf dan foto di toko itu sendiri melengkapi pemasaran gratis. Hal ini dimungkinkan untuk dilihat oleh ratusan atau ribuan calon konsumen. Dan tanpa biaya lebih dari sekedar membantu orang melakukan apa yang seharusnya lakukan.

Jika kita memiliki toko ritel, foto dan video di internet iklan untuk kita akan menjadi hebat. Dan pelanggan yang paling bahagia adalah orang yang baru saja membeli. Ini adalah waktu untuk mendapatkan foto mereka, dan rujukan mereka.

Tidak punya toko Tapi menjual sesuatu yang lain atau menawarkan layanan lain?

Cerita apa yang akan diceritakan oleh pelanggan kita?

- Bagaimana mereka mendapatkan produk yang membantu mereka menurunkan berat badan.
- Bagaimana kulit mereka terlihat lebih muda dengan menggunakan krim ajaib.
- Bagaimana mereka melihat kemungkinan menghasilkan penghasilan tambahan.
- Dimana mereka sekarang dapat melakukan perjalanan karena penghasilan tambahan yang mereka terima dari penjualan mereka sendiri
- Bagaimana mereka terinspirasi oleh ucapan kita.
- Bagaimana mereka menyimpan uang.
- Apa tujuan mereka untuk masa depan.
- Yang mana dari tujuan mereka sekarang telah tercapai sejak bekerja sama dengan kita.
- Bagaimana melatih mereka untuk sukses telah mengubah hidup mereka.
- Saat mereka akan pensiun.

- Siapa yang mereka rasa telah memberi dampak pada kehidupan mereka.
- Buku yang mereka sekarang terinspirasi untuk dibaca.
- Hubungan yang telah mereka ciptakan dalam kehidupan pribadi dan profesional mereka.

Cerita membantu penjualan orang berjualan tanpa tekanan.

Cerita memberi contoh nyata tentang apa yang dialami pelanggan lain. Cerita menggunakan kekuatan pihak ketiga.

Pihak ketiga adalah seseorang yang berada di luar penjualan dan pelanggan.

Seseorang yang objektif terhadap hubungan itu.

Pihak ketiga memiliki kekuatan karena anonimitas dan kekurangan mereka agenda saat berbicara dengan calon pelanggan atau penonton.

Tidak ada alat pemasaran yang lebih baik yang bisa kita gunakan di depan pendengar daripada menceritakan kisah pihak ketiga, atau meminta mereka menceritakannya kepada cerita mereka sendiri.

Bagaimana kita bisa menggunakan ini?

Jika mereka menghasilkan banyak hasil dengan bisnis, mereka bisa tahu banyak caranya yang mereka miliki saat mereka memulai. Betapa mereka merasa dan betapa kerasnya mereka bekerja. Dan sekarang bagaimana perasaan mereka tentang kesuksesan finansial.

Jikakah mereka kehilangan berat badan dengan menggunakan produk kita? Mereka bisa bicara tentang bobot mereka dulu, gunakan lengan mereka untuk menunjukkan "seberapa besar" atau pasangan celana panjang mereka, atau foto di layar lebar keadaan emosional sekarang dibandingkan dengan bagaimana mereka. Rasakan saat itu sangat kuat saat mereka membaginya.

Kita bisa menceritakan kisah mereka dalam bentuk testimonial dan referensi secara tertulis dan dari atas panggung.

Kita bisa membaca kisah sukses dari kartu atau situs *web*.
Kita mungkin membacakannya sebuah email yang dikirimkan kepada kita.
Kita bisa memasang spanduk mereka di spanduk dan di atas *slide*.
Kita bisa menggunakan testimonial sebagai cerita pembuka kita.
Kita bisa meminjam hasil sukses mereka sampai kita memilikinya.
Kita bisa membangunkan mereka dan mengatakan betapa hebatnya pekerjaan mereka.

Cerita-cerita ini kita hafalkan saja dan berbagi dengan pantas energi dan gairah mereka. Lagi pula, seringkali ini adalah cerita tentang kehidupan yang berubah dan itu layak bergairah.

Kesimpulan

- Cerita rahasia – "Rasa penasaran dan tak tertahankan".
- Cerita Lucu – "Menceritakannya dengan humor dan membuatnya mudah diingat".
- Cerita masa lalu dan sekarang – "Ketika Saya Muda".
- Saya dan Anda – "Cerita pribadi dan cerita orang lain".
- Cerita-cerita Emosional – "Ciptakan respon emosional".
- Sebelum dan Sesudah – "Transformasi".
- Kisah Penjualan – "Testimonial, rujukan, ulasan dan kekuatan bagian ketiga".

Tujuh jenis cerita ini akan memberi kita berbagai arah untuk ditempuh dalam cara berbicara kita.

Bila kita membutuhkan reaksi atau keterlibatan tertentu, kita bisa menggunakan yang cerita yang relevan.

Beberapa cerita bisa singkat, hampir seperti kutipan. Satu atau dua kalimat atau sebuah ayat.

Beberapa cerita panjang dan menceritakan tentang pelajaran hidup. Mereka mungkin berlari 5-10 menit.

Yang harus kita lakukan adalah mengisi pembicaraan kita dengan cerita menarik yang melibatkan pendengar kita.

Kita bisa melakukan ini melalui telepon konferensi, presentasi penjualan atau pelatihan.

Kita bisa menggunakan cerita online dan offline.

Kita bisa menggunakannya di awal, tengah dan akhir presentasi kita.

Jangan pernah berhenti bercerita. Cerita adalah gambaran hidup kita.

Semoga berhasil!

Lebih banyak rahasia

Ada beberapa sumber gratis yang bisa Anda manfaatkan untuk menjadi lebih percaya diri dalam berbicara.

Pastikan untuk berlangganan tip Public Speaking di situs penulis,
www.markdavis.com.au

Manfaatkan buku-buku Markus lainnya di Public Speaking di
www.amazon.com/author/markdavisaustralia

Bergabunglah dengan grup Mastermind Public Speaking di Facebook.
www.facebook.com/groups/publicspeakingmastermind.

Mark juga bersedia berbicara di konferensi dan konvensi serta melakukan *webinar*, panggilan dan pembinaan pribadi.

Untuk hal lain, silahkan email mark@markdavis.com.au

atau hubungi Beliau melalui
+ 61-404-178-126.

www.ingramcontent.com/pod-product-compliance
Lightning Source LLC
Chambersburg PA
CBHW070302230526
45470CB00002B/679